PRÉSENT

Libérer l'esprit de l'égo

Jean-Louis
Perceval

ISBN : 9798747517783

La vie n'est pas aussi sérieuse
que le mental le prétend.

Eckhart Tolle

INTRODUCTION

— Dupont ?
— Présent !
Être présent signifie le plus souvent : être là où l'on nous attend. Et quand on y est, on voudrait être « autre part ». Ou hier. Ou le lendemain.
On attend ou on regrette.
Et le plus souvent, on cherche « ailleurs ».
On cherche le bonheur dans l'argent ou les voyages. On cherche l'amour dans une relation ou le sexe. On cherche la vérité et le sens dans les mots ou une idéologie. On cherche l'accomplissement dans la réussite. On cherche le beau dans les apparences. On cherche la paix quelque part.
On cherche ailleurs.
Ce qui est ici et maintenant.

Revenir à l'essentiel.
Être pleinement présent à tout ce que l'on vit, où que l'on soit et quel que soit le moment. Même quand la vie nous demande de réagir allègrement à une situation. Même quand « rien ne se passe ».
Choisir l'état de présence plutôt que de se laisser guider par ses pensées et ses émotions.
C'est ainsi que l'on retrouve la paix de l'esprit et qu'on se libère de la souffrance.

Le terrain de « jeu »

Enfant, je partais chaque été en Hongrie, terre natale de ma mère. Nous y retrouvions « la famille » : mes grands-parents, mes cousins... Il y avait un grand jardin avec des arbres fruitiers. Des pêchers, des cerisiers, des framboisiers, des pruniers, des abricotiers... Quel régal authentique que celui de cueillir et savourer sur place le fruit de ses « efforts » !
Parfois, nous allions au bord d'un grand lac, et les journées défilaient entre promenades aventureuses, repas, jeux de cartes, et plage.
Un vieux château détruit surplombait le village et nous nous y rendions régulièrement avec mes cousins. En haut, nous avions une vue sur le lac et toute la campagne environnante. Une vue à 360°. Je me postais souvent au sommet de ce qu'il restait d'un donjon, à contempler ce monde si paisible en apparence. Quelques siècles plus tôt, un soldat devait sûrement occuper la même position, mais lui, inquiet, observait les troupes adverses qui s'approchaient et qui convoitaient la forteresse qu'il défendait.
Un jour, nous allâmes chez des amis qui avaient une petite maison au bord de ce lac. « Nous les jeunes », avons vite repéré dans le jardin, une longue bande de terrain en pente, couverte de sable. Nous passâmes l'après-midi à sauter du haut de ce futur potager et à rouler sur nous-mêmes. Les adultes discutaient et

nous nous jetions dans le vide. Sans peur. Nous laissions le corps accompagner la chute, conscients que rien ne pouvait nous arriver « de mal ». Il n'y avait pas de compétition, pas de « celui qui va le plus loin » ou « qui fait le plus de roulés-boulés ». La nature nous avait proposé un terrain de jeu et nous en avons profité... gratuitement.
En fin d'après-midi, couvert de sable, épuisé et joyeux, je me souviens avoir annoncé à mes parents et leurs amis que cela avait été « le plus beau jour de ma vie ». Je sais, ce n'est pas très sage de comparer, mais à l'époque, je ne le savais pas encore.

La source

Bien des années plus tard, suite à quelques « événements » personnels et professionnels, j'avais décidé de prendre quelques jours afin de marcher en Ardèche.
Cheminer sans destination.
À l'époque, je n'aurais pas pu définir ou expliquer de manière précise ce qu'est « méditer ». Aujourd'hui, non plus d'ailleurs.
Je ne sais pas si j'avais employé le mot « retraite » auprès de mes proches pour décrire ce que j'allais faire. Mais il s'agissait bien de cela. Pas de téléphone, pas d'écran, pas d'ami avec qui converser. Pas de divertissement. Simplement marcher dans la nature, me

prélasser au bord d'un ruisseau. Écouter le bruit régulier de l'eau qui s'écoule.
J'avais répondu à un appel.
Un appel intérieur.
Mon seul compagnon de voyage était un petit calepin et j'y écrivais mes « impressions », en répondant aux questions qui venaient à moi.

Je marchais.
Plus je marchais, plus j'étais là où j'étais, moins je pensais à l'endroit où j'allais. Et plus je ressentais une vérité s'installer en moi.
Il ne me fallut pas plus de 3 jours pour arriver « à maturité ». En effet, sur le chemin du retour, je décidai de me rendre à la source de la Loire. Cette décision, je l'avais prise « comme ça ». Il n'y avait pas de signification particulière à ce choix. Et pourtant ! Arrivé à cette source, je ressentis la paix complète. Douce. Vivante et vivifiante. J'étais arrivé à la source, et j'étais revenu à l'essence même de l'être. Je n'ai pas employé ces mots sur mon calepin, mais c'était cela. Tout était parfait, comme ça l'est ici et maintenant. Une pensée survint alors, et j'ai écrit noir sur blanc : « À quoi cela servirait-il d'aller plus loin, puisqu'ici et maintenant, tout est parfait ? », et j'ai ajouté : « et que rien ne sera aussi parfait que ça ».

J'avais expérimenté, j'avais goûté, j'avais ressenti.

Mais j'ai voulu expliquer.
Je n'ai pas vraiment « compris ».
Je n'ai pas pleinement reconnu.
Je n'étais pas prêt sans doute.

Alors je suis reparti dans « l'arène ». Dans le monde du « bien et du mal », du « mieux et du moins bien », « des rêves et des objectifs », avec un mélange de regret, de fatalité et d'espoir.
Toutefois, cette expérience du moment présent et de la plénitude qui l'accompagne est restée « là », en contrepoint. Comme d'autres expériences similaires, mais moins frappantes, que j'avais vécues auparavant.

La dernière porte

Il y eut ensuite l'arrivée de trois nouveaux enfants.
Et puis, quelque temps plus tard, sur une période de quelques années, la panoplie complète de ce qu'on appelle « les accidents de la vie » : duperie d'un ami devenu associé, dépôt de bilan, dettes et interdit bancaire, décès de mon frère, divorce, problème de santé.
J'ai cru avoir « tout perdu ».

Mon nom me prédestinait au combat ou à la quête. Je me suis souvent battu contre moi-

même. Mais chercher la vérité a toujours été en moi.
C'est pourquoi ces épreuves de la vie furent, des révélateurs, malgré les moments intenses de doute.
J'ai lu et relu certains livres d'enseignement spirituel, en particulier ceux de Tich Nath Hanh, de Jiddu Krishnamurti, ainsi que l'ouvrage fondamental d'Eckhart Tolle, intitulé Le pouvoir du moment présent. J'étais prêt à recevoir leur message universel, et surtout à le vivre.
J'ai beaucoup marché, j'ai commencé à méditer « à ma façon », j'ai fait quelques retraites, seul ou en groupe. J'ai suivi des formations et j'ai fait certaines rencontres, qui n'étaient pas le fruit hasard.
Je savais que « j'avançais », car je souffrais moins, je n'avais plus de colère en moi, alors même que « les problèmes » étaient toujours là, à la différence que je ne les considérais plus comme « des problèmes ». Il n'y avait plus ce malaise de l'âme qu'on oublie ou que l'on malmène. J'étais de plus en plus présent à ce que j'étais et à ce que je vivais, ce qui avait pour résultat d'être de moins en moins dépendant d'humeurs ou « états d'âme ».
Progressivement, je me défaisais de l'attente, que « les choses s'arrangent ».
Il devait en être ainsi.

Et puis un jour, « la révélation ».

Je suis assis, un livre à la main, confortablement calé dans le fauteuil du wagon d'un train qui file à plus de 300 km/h.
Soudain, le temps s'arrête. Les pensées flottent et je les observe. Une paix profonde et un silence puissant s'installent.
L'état est le même que celui de l'épisode de la source. Mais cette fois-ci, je « reconnais ».
L'évidence.
L'unité.
Un aboutissement et une renaissance.
Merci, Eckhart, de m'avoir montré comment ouvrir la dernière porte.

Ce passage intime du livre n'a d'autre vocation que celle de témoigner et peut-être d'inspirer.

* * * *

C'est au moment de l'adolescence (et parfois un peu avant) que débute un nouveau jeu.
Qu'on ait été aimé, protégé, négligé ou malmené durant son enfance, qu'on soit petit ou grand, garçon ou fille, riche ou pauvre… on devra y jouer. C'est un jeu de rôles, mais personne ne dit que c'est un jeu. On dit que c'est « la vie » et que c'est « très sérieux ».
Et surtout, ce que l'on ne dit pas, c'est que ce jeu a un prix : celui de la fin de l'innocence.

Les actions doivent avoir un sens, des opinions se forgent, certains idéaux apparaissent et guident les pensées. L'énergie sexuelle qui se propage dans le corps pousse naturellement « à prendre sa place dans la Société ». Mais quelle place ?
Les croyances intégrées durant l'enfance au sujet du monde, de ce qui est « bien ou mal », de « soi » et auxquelles on ne prêtait jusqu'alors pas vraiment attention, commencent à se solidifier. Les contradictions entre ce que l'on croit être et ce que l'on voudrait être, les différences entre ce qu'est notre corps et ce à quoi on voudrait qu'il ressemble, créent des tensions ; tout peut devenir sujet à jugement, critique, compétition, et comparaison.
Il faut comprendre et expliquer le monde. Pouvoir en parler.
Il faut se positionner.
On commence à croire qu'on est ce que l'on croit être. On commence à rentrer dans un « personnage ». Par exemple : « celui qui suit » ou « celui qui fuit ».
Une balade en nature devient souvent ennuyeuse. « Il y a mieux à faire ! ». On ne se jette plus « comme ça » dans le vide, à faire des roulés-boulés ... Qu'en penseraient les autres ?

C'est souvent à ce moment-là qu'on perd le contact « avec la nature » et qu'on commence à oublier sa véritable nature.

C'est donc à ce moment-là que « les problèmes » commencent vraiment.

*

La vie semble souvent si « compliquée » et trop souvent dangereuse. Dès qu'on se connecte à un écran, on est bombardé d'informations, de révélations, de nouvelles fracassantes.
Et tout le monde vous propose une alternative : le bonheur ! Et on vous dit comment le vivre. Très souvent, il faudra acheter ce bonheur : par exemple, prendre des vacances à l'autre bout du monde, ou bien s'offrir le dernier modèle de telle marque de voiture.
Est-ce le bonheur ?
Vous connaissez la réponse.
Et... est-ce vraiment le bonheur qu'il faut rechercher ? Cela dépend bien sûr de ce que l'on entend par « bonheur » ...
On s'y perd, et lorsqu'on commence à se poser les vraies questions, on se demande comment savoir si on est « dans le vrai ». Comment savoir si on ne se fait pas piéger par « les autres » ou par « soi-même » ? Et d'ailleurs, « qui » sont vraiment « les autres » ? Où est le « vrai soi-même » ?
On a tant d'habitudes, tant de réflexes automatiques, de croyances auxquelles on a donné son assentiment...
Il y a tant de petites et grandes souffrances qui proviennent « d'on ne sait où ».

Dans les pages qui suivent, nous allons d'abord constater comment nous avons quitté la Nature et pourquoi nous avons ainsi oublié notre véritable nature.
Nous verrons en quoi, ne pas vivre selon la Nature et sa propre nature, crée la souffrance spécifique à l'être humain.
Nous allons comprendre pourquoi nous sommes constamment dans nos pensées, comme absents à nous-mêmes.
Nous allons décrypter les mécanismes de ce que je n'hésite pas à appeler l'égo. Nous verrons comment (re)connaître son fonctionnement afin de retrouver la « Paix de l'esprit », qui est le mot le plus approprié de ce à quoi on doit accéder.
Nous allons découvrir « comment être présent à tout, en vivant dans le moment présent ».

Pour cela, il faudra d'abord rafraîchir le sens qui a été donné - ou qu'on a donné- à certains « mots-clés magiques ».
Et je proposerai régulièrement des petits exercices pratiques de présence – pour la vie de tous les jours, la vie en chaque instant.

Parce que comprendre est une chose.
Reconnaître en est une autre.
Mais pour quitter la souffrance, et vivre pleinement la Paix, il faut pratiquer, incarner et manifester la présence.

L'HUMAIN

Pourquoi un chapitre sur « l'humain » ?
Parce qu'on a plein « d'idées » à son sujet, et que ces idées sont les croyances qui sont souvent le fondement de ces souffrances qu'il est le seul être de cette planète à subir.

Pourquoi « l'humain », et pas « l'Homme » ?
Parce qu'il n'y a aucune raison de « nous » affubler d'un « grand H », d'exclure indirectement la moitié de la population des humains (les femmes), et plus encore, si on compte les enfants.

*

L'humain est devenu l'animal le plus redoutable de la planète. Le plus fort de tous. Le roi des animaux.
Et l'habit d'animal est devenu trop petit pour lui. D'ailleurs, le qualificatif « animal » est, pour la majorité de ces humains, un repoussoir, un scandale, ou une provocation. Ou alors, si on désigne un être humain par le nom d'un animal, c'est en général pour le dénigrer.

L'humain a su compenser certaines faiblesses

physiques par rapport à d'autres espèces animales, par une ingéniosité et une organisation qui lui ont permis de piéger, de se protéger et d'étendre son territoire...
Il a maîtrisé le feu, il a surtout commencé, à un certain moment déterminant de « son histoire », à parler, à compter et à écrire.
Et cela, grâce à un cerveau aux capacités devenues incomparables.

*

Le lion est le roi de la jungle depuis près de 4 millions d'années, et la jungle est restée la jungle. Certes, elle est moins étendue aujourd'hui qu'elle ne l'était à l'époque. Mais rien n'a vraiment bougé.
Le lion n'est « pas si fort que ça » en fait.

L'humain, lui, a tout changé en 6 000 ans.
Champion du monde ! Et encore, « le monde » n'est « pas assez fort » pour qualifier sa prouesse. Il y a les Miss et Mister Univers, alors pourquoi pas « Race Univers » ?
Sur la planète qui l'a accueilli :
Des millions d'hectares de forêts et de prairies, des territoires complets ont été défrichés, irrigués et cultivés.
Des cours d'eau ont été détournés, des puits creusés, des marais asséchés, des canaux créés, des barrages érigés.
Des chemins, des routes, des autoroutes, des

voies de chemin de fer ont été aménagés, des ponts construits, des tunnels excavés...
Des milliards de voitures les empruntent quotidiennement et des milliers d'avions sillonnent le ciel.
Des animaux ont été domestiqués afin de l'aider à chasser d'abord, puis à lui tenir compagnie ; d'autres par milliard sont élevés dans des champs, ou, souvent, « en batterie » à l'ombre de grands halls, avant d'être abattus pour leur viande, sans que ceux et celles qui la consomment aient conscience de là où ils ont vécu et dans quelles conditions.
Des hameaux par millions, des villages, des villes et maintenant des mégapoles ont été créés pour abriter et protéger ces individus qui vivent aujourd'hui dans des appartements, des maisons individuelles et dans des tours, qui atteignent parfois plusieurs centaines de mètres de hauteur.
De milliers de mines, de carrières, de puits, sur terre et sur mer sont extraits chaque année, des milliards et des milliards de tonnes de roches, de minéraux et de pétrole.
Des usines produisent toutes sortent de matériels, d'aliments et d'objets tels que des vases, des appareils électroménagers, des téléphones mobiles, ou des plats préparés.

Tout cela a été réalisé en 6 000 ans, avec une accélération vertigineuse sur les deux derniers siècles. En langage humain, on appelle cela « le

progrès ».
D'autres signes du progrès ?
L'humain peut - quand il en a les moyens - voyager d'un point à un autre de la planète en moins d'un jour. Sa « longévité » a augmenté dans de grandes proportions. Il peut accéder, lorsque la censure ne s'exerce pas, à un nombre infini d'informations et les partager avec n'importe quel autre être humain de la planète.
Il a posé le pied sur la lune et y a laissé des traces de son passage : des drapeaux, des balles de golf, une statuette, sans doute afin de marquer son territoire. C'est sans compter sur les tonnes de matériels qu'il ne peut pour l'instant malheureusement pas ramener.

Malgré toutes ces prouesses (en tout cas c'est ainsi que les humains considèrent ces réalisations), et peut-être à cause de certaines d'entre-elles, voilà pourtant où on en est : de plus en plus d'hommes et de femmes se posent des questions quant à leur survie.
La plupart des humains souffrent, et, malgré les apparences, malgré l'abondance, ils vivent dans la peur.
Et cela, depuis quelque temps déjà. N'y aurait-il pas un lien entre cette quête (effrénée) du progrès, cette attente (illusoire) d'un monde meilleur, et la souffrance de l'Homme ?
Dans la célèbre œuvre de Michel-Ange, La

création d'Adam, qui orne la voûte de la chapelle Sixtine à Rome, on voit Dieu transmettant l'intelligence à l'humain, ou bien la conscience, l'esprit. Cela dépend des interprétations et de la signification que l'on donne à ces mots.
À noter que le vieil homme, qui représente Dieu, flotte dans les airs à l'intérieur d'une forme qui représente, quand on y regarde bien... un cerveau humain.
Bien vu ! Quel esprit brillant, quel talent ce Michel Ange ! Quel génie !

Voilà le tableau : le « génie humain ». L'humain a, aujourd'hui, cette capacité « unique » à savoir (à croire) qu'il « existe », et il a cette intelligence « supérieure », cette conscience, qui fait de « lui » un être à part et surtout, « supérieur ». Cela lui donne sans doute le droit (en tout cas il le croit) d'agir à sa guise et de se servir. Il y a l'humain et il y a « les autres » : les animaux, les plantes, etc., car lui peut tout expliquer, tout comprendre, alors que les animaux « vivotent » et ne comprennent pas grand-chose. Ne parlons pas des plantes !
Certes, il y a eu des « peuplades » d'indigènes qui ne se considéraient ni au-dessus ni en dessous de l'animal ou des plantes. Mais elles étaient qualifiées de « sous-développées » par les élites intellectuelles et les autorités morales. Elles ont pratiquement toutes disparu ou ont été éradiquées ou intégrées de force.

Il est sans doute utile ici de faire un petit retour en arrière et de rétablir une certaine vérité au sujet de l'humain.
Contrairement aux idées reçues, développées par les « progressistes » du XIXe et du début du XXe siècle, les humains qui ont précédé la création des « grandes civilisations » vivaient en harmonie avec la nature, ne se faisaient pas la guerre, et avaient une relation au temps souple et instinctive (ils ne se souciaient pas du lendemain). Il n'y avait pas d'oppression des hommes sur les femmes et des parents sur les enfants, peu de tabous par rapport à la sexualité, et les lois inscrites dans l'inconscient collectif et gardées par les anciens n'avaient pour vocation que de maintenir l'harmonie et l'équilibre entre les êtres et la nature.
Ces humains étaient égalitaires (pas de maison ou de sépultures sensiblement plus grandes les unes des autres). Il n'y avait pas de chef omnipotent.
Ils n'avaient que très peu de possessions, car le fait de posséder ne faisait pas partie de leur logique, encore moins de leur vocabulaire.
C'était « l'âge d'or », tel qu'il est décrit dans de nombreux mythes.
Ce n'était pas un âge où on accumulait l'or, mais plutôt un âge où l'or n'avait pas de valeur particulière, à part qu'il brillait comme le soleil. Il est intéressant de noter que les premiers objets en or retrouvés datent d'il y a

un peu plus de 6.000 ans. L'or a commencé à prendre « de la valeur » quand l'humain a commencé à posséder et à s'organiser.
C'était un âge où tout était beaucoup plus simple.
Ne tombons pas dans la nostalgie toutefois (!), prenons-en simplement conscience, parce qu'on nous a fait croire le contraire depuis 200 ans, comme le rappelle Marylène Patou-Mathis, directrice de recherche au CNRS et autorité reconnue sur la préhistoire.

L'humain n'est pas, « par nature », violent, possessif, envieux, honteux, arrogant, dépressif, ou anxieux
Il l'est devenu.
Il y a d'abord eu sans doute, il y a très longtemps, la prise de conscience qu'il mourrait. Il est alors « rentré dans le temps ».
D'où certainement, une nouvelle forme de peur « existentielle » qui a sans doute constitué le fondement de l'égo.
Mais cela ne l'empêchait pas de vivre le plus souvent en paix, « ne travaillant (c'est à dire chassant, cueillant ou migrant) que quelques heures par jour. Cela suffisait à son bonheur.
Et puis est arrivée l'invention qui allait tout bouleverser : la culture des plantes et des céréales et l'élevage d'animaux. Des humains ont commencé à se sédentariser, à penser et à dire : « c'est ma forêt, c'est mon territoire ».
Et tout a dû s'accélérer peu de temps après

suite, peut-être à certains changements climatiques. Ces chers « Indo-européens », nos aïeux que nous vénérons tant, ont commencé à agresser et soumettre d'autres peuples. Les progrès techniques leur avaient permis de disposer d'armes tranchantes qui tuent bien plus rapidement et facilement qu'un gourdin ou des mains nues.
Ils l'ont fait, parce qu'ils étaient trop nombreux et qu'ils ne pouvaient plus survivre là où ils habitaient.
Ils l'ont fait de plus en plus et avec de plus en plus de violence, parce qu'ils ont pris goût au fait de posséder et sont devenus dépendants au besoin de contrôler. Ils ont commencé à « s'identifier à « celui qui possède et qui contrôle ». Ils ont mis en place des organisations sociales et militaires hiérarchisées, ils ont imposé des modèles familiaux patriarcaux.
En même temps qu'ils ont basculé du côté « obscur » (ce qui est pourtant plus ou moins glorifié dans nos livres d'histoire), ils se sont détachés de la nature. Ils ont commencé à mépriser et maltraiter les animaux, à vouloir « éduquer » les enfants pour qu'ils soient obéissants, et les femmes sont devenues des objets. L'esclavage a été « inventé ». Et on trouvait toujours une bonne raison pour qu'il en soit ainsi.

On a remplacé la « Déesse-Mère » que les

humains vénéraient jusqu'alors, par des dieux masculins et guerriers.

Aux quatre coins du monde, en l'espace d'un millénaire, des civilisations se sont imposées en même temps que l'égo « explosait ».

*

Oui, l'humain n'a pas toujours été comme il est raconté dans les livres d'histoire.
Ce n'est pas « dans sa nature » de souffrir, de faire souffrir, d'être violent pour d'autres raisons que celles de se nourrir ou de se protéger.
Tout cela n'est pas naturel. Ce n'est pas « normal ». C'est surtout inutile.

C'est une perversion qui a créé « la souffrance de l'homme ».

Cette perversion n'est pas à chercher « chez un peuple » en particulier.

Elle s'est installée profondément quand on a commencé à croire que l'intelligence et la technique devaient « nous » sauver de la nature et des « autres ». L'humain s'est ainsi par la même occasion, coupé de la nature et donc de la sienne.

LES MOTS

Les mots peuvent être le véhicule de l'Amour et transmettre la Paix.
Trop souvent, ils sont un moyen illusoire de faire passer à l'autre sa propre souffrance.
Mais ça ne marche pas ainsi : la souffrance de l'auteur des mots reste en lui, elle y est même renforcée, et elle est transmise à celui qui les reçoit... si ce dernier prend ces mots en considération.

Tous les rêves, mais aussi les « problèmes » spécifiques à l'humain, ont commencé avec les mots.
Quand certains mots ont été parés d'un caractère sacré. Quand le sens des mots est devenu « vérité ». Quand on a commencé à accorder plus d'importance au sens des mots qu'au sens même de la vie...
C'est à ce moment-là que les choses ont basculé.

On prend les choses au pied de la lettre et on tire des conclusions.
« Il a osé dire ça ! Ça veut donc dire qu'il ... »
Alors, on se dispute, on fait des déclarations de guerre, puis on la fait. Ou alors, on se regroupe avec ceux qui donnent le même sens à certains

mots, en affirmant ou sous-entendant que les autres ont tort. Jusqu'à ce qu'on ne soit plus d'accord. Alors, on se sépare ou on se combat. Ou bien, quelqu'un impose un certain sens au mot, et il est interdit de le remettre en question. Le sens du mot devient la loi et gare à celui qui le perçoit et surtout l'exprime autrement. Sacrilège !

Presque toujours, le sens des mots s'impose aux gens. Par exemple, le mot « esprit », dans nos contrées francophones et cartésiennes, signifie à la fois le mental, l'intellect, mais aussi, en quelque sorte, l'âme. Un concept aussi important que celui qui évoque ce qui est « au-delà du mental » peut donc signifier le mental lui-même ! Et si on a adopté cette dernière signification, on croira donc que la conscience émane du mental. On en restera à la matière.
Il faut « retourner » cette logique. C'est à chacun de donner un sens aux mots. C'est à chacun d'assumer le sens donné aux mots. Pas un sens fermé. Un sens ouvert à ce qu'il y a de plus vrai en soi. Le sens de sa nature et de l'élan vital. C'est ainsi que les mots peuvent véhiculer la véritable essence de l'Être.

Mettre un mot sur un objet, un élément de la nature, ce n'est pas en soi un problème. C'est même utile pour communiquer et transmettre une information à distance.

- Il y a des myrtilles dans cette colline.
- Miam miam ! Merci pour l'information. Je sais où aller pour me nourrir.
Les problèmes sont apparus quand on a commencé à discourir de sujets tels que la morale, la politique, les lois. Quand on a mis des noms sur un caractère, une qualité humaine, un sentiment ou une typologie de groupe ou d'organisation sociale.
Des mots, tels que « gentil », « ami », « Dieu », « chef », « ennemi », « hier, « justice », « demain », « bonheur », « espoir », ont été créés. Et tant d'autres. Et dans chaque langue.
On est entré dans une nouvelle dimension plus subjective et conceptuelle de la communication et de la pensée : celle de la signification.

*

Les mots ont un grand pouvoir. Ils peuvent séduire, entraîner, rallier, railler, déchirer, détruire.
Les mots créent les croyances, et les croyances sont portées par le sens qu'on attribue aux mots.
La plupart des gens s'accaparent le sens des mots. Le sens de leur vie dépend de celui qu'ils accordent à certains mots.

Prenons, par exemple, la phrase « Je t'aime ».
« Je t'aime » peut être (et non : « Je t'aime

peut-être » : un guillemet placé avant ou après un mot peut tout changer aussi !), pour celui qui prononce ces mots, une simple évocation de l'affection particulière qu'il porte à celui à qui il s'adresse. Un succédané d'étreintes gratuites et chaleureuses dans lesquelles se manifeste l'énergie d'attraction et de connexion de « ce qui est ».
Mais « Je t'aime », peut aussi intégrer en elle une question sous-jacente, comme par exemple : « Est-ce que tu m'aimes aussi ? ». Ou bien : « Puisque je t'aime, est-ce que tu feras ce que j'attends que tu fasses pour moi ? ». Ou encore « Rassure-toi, tout va bien ». Et peut même être une injonction : « Reste avec moi ! ». Celui qui entend ces mots les recevra comme il accueille une étreinte, mais pourra aussi percevoir et interpréter ces mots comme une promesse, un soulagement, une pression ou encore une obligation.

Un mot peut aussi tuer. Je ne parle pas de peine capitale. Je parle de ces mots qui seront pour l'esprit comme des lames qu'on enfonce plus ou moins profondément dans le corps, avec parfois des conséquences quasi irréversibles.
Lorsqu'on dit à un enfant : « Tu es nul », simplement parce qu'il a manqué son tir en jouant au football – dans le cas où cela lui est dit avec hargne, mépris, dégoût même, et si cela lui est répété plusieurs fois – peu à peu, ou même subitement selon les circonstances et

« le crédit » qu'il apporte à celui qui profère ces mots, il le croira. Il croira « qu'il est nul ». Il croira qu'il n'a pas de valeur. Ou alors, il croira que les autres croient qu'il est « nul ». Cela en revient presque à remettre en question la pertinence de son existence. C'est comme une sentence d'exécution !
Si on dit à son chien : « Tu es nul ». Même avec un peu de dépit ou d'ironie, ça ne changera pas sa vie. Il continuera à vous aimer. S'il perçoit de la colère dans l'intonation et voit le visage fâché de son maître, il ressentira de la peur. Si on lui dit simplement et sur un ton neutre : « Tu es beau ». Ça n'aura pas d'effet. Mais s'il aperçoit le visage souriant et rayonnant de celui qui lui dit ces mots, et qu'il y reconnaît de l'affection, cela produira la joie.

Le premier des Quatre Accords Toltèques de Miguel Ruiz est le suivant : « Que ta parole soit impeccable ». Et il précise : « Avoir une parole impeccable, c'est faire bon usage de votre énergie ; cela signifie que vous l'utilisez dans le sens de la vérité et de l'amour de vous-même. » Et il ajoute que « le mauvais usage de la puissance de la parole crée l'enfer. On l'utilise pour médire, pour critiquer, pour culpabiliser, pour détruire. » L'enfer dont il parle, c'est la souffrance.

Les mots ne devraient être que cela : une simple information (sans jugement), ou l'expression de l'Amour (inconditionnel).

Si on veut accéder à la Sérénité, si on aspire au vrai Bonheur, si on veut la Joie de vivre, on doit être responsable des mots qu'on emploie.
On le fait, en prenant soin des mots qu'on utilise, comme on doit prendre soin de son corps et de la nature. Comme on doit prendre soin de ses enfants. Un corps ne devrait pas être un défouloir, comme des enfants ne devraient jamais l'être.
Pourtant, se défouler avec les mots est totalement accepté dans nos Sociétés. Dire du mal des autres, critiquer, se plaindre, ironiser, être sarcastique... c'est toléré, et même encouragé de façon indirecte, lorsqu'on voit tous ces débats où chacun s'écharpe, ces films et séries pleins de manipulations, de mensonges, de mesquineries, d'insultes et de disputes. C'est devenu « normal ».
Soit.

Tout commence par les mots.
Et tout change avec et par la parole.

Parlez aimablement. Parlez juste. Restez silencieux, le plus souvent. Et lorsque vous parlez, parlez vrai. Vous ne pourrez le faire qu'en étant attentif aux mots que vous employez.

Être attentif aux mots qu'on emploie, c'est

aussi être présent.
En reprenant le contrôle de sa parole, on commence à modifier le fonctionnement automatique de la pensée. Et quand cela survient, les émotions associées à certaines situations ou à certaines personnes s'estompent et ne déterminent plus les réactions et les agissements.

Parfois, on peut ressentir une retenue – qui est de la peur – à être aimable. On croit qu'être aimable, c'est être faible. C'est tout le contraire.
Sous le coup de l'émotion, on voudra dire « tout ce qu'on en pense », et on ira souvent au-delà de ce qu'on « pense » vraiment.

Nettoyez votre vocabulaire jusqu'à en être, le plus souvent, silencieux. N'argumentez plus. Répondez par oui ou par non, ou même « je ne sais pas ».
Dites « Soit ».
Dites « Merci ».
Dites « Peut-être ».

En apprenant à garder le silence lorsqu'il n'y a rien à dire, rien à comprendre, rien à prouver, rien à contrer... on apprend aussi à parler à bon escient, c'est-à-dire en conscience.
Et ainsi, par la forme, on peut accéder au fond.
Par la forme de plus en plus épurée et authentique de la parole et des mots qu'on

emploie, on favorise l'émergence spontanée de la paix de l'esprit.

*

Il y a des livres dont l'objectif est d'émouvoir ou de faire rêver, d'autres d'informer ou de dénoncer.
Ce livre a à pour dessein d'inspirer.
Le monde des mots est du domaine de ce monde. Les mots ont donc une signification et des limitations, comme ce monde a des limitations et comme le monde des humains est fait de significations.

En lisant, essayez de sortir de la pensée. Restez-en à ce que cela vous inspire. Concentrez-vous sur l'essentiel, allez derrière les mots. Accédez au message directement, sans le filtre de la signification.
Et ensuite, créez votre propre vocabulaire.
Soyez totalement libre. Ne soyez pas « scolaire ». Suivez votre instinct. Il n'y a pas de catéchisme, il n'y a pas de dogme. Il n'y a que votre liberté qui importe, votre volonté de trouver la Vérité et la vivre.

Lorsqu'on avance sur le chemin de la conscience, une voie d'accès peut être les mots. C'est ainsi que certains mantras qui déconstruisent les schémas automatiques de la

pensée, certaines prières qui ouvrent l'esprit, peuvent être utiles.
À travailler sur la forme, on peut avancer sur le fond.
Arrive ensuite le moment où il devient indispensable de se libérer des mots, car ils peuvent rester "les boulets » qui nous empêchent d'aller plus loin sur « la route du soi ». On sort alors du monde fermé et douloureux des mots, car certaines souffrances sont directement liées au sens qu'on a attribué à certains mots.

J'ai choisi d'utiliser les mots avec une « libre définition » de ce qu'ils expriment, afin d'en faire des sources d'inspiration. Le plus souvent, ces mots seront simplement le prétexte à vous transmettre une autre version de ce qu'ils pourraient évoquer spontanément. Mais en fin de compte, ce sera votre volonté, votre profonde et réelle aspiration à quitter toute forme de souffrance, vos prises de conscience (ce qui passera par certains choix et par l'acceptation) qui feront que votre propre « libre-définition » des mots évoluera.

C'est parce que vous aurez eu ces prises de conscience que le sens des mots évoluera. Parce que « Tout est Tout », et qu'en fin de compte, quel que ce soit la porte d'accès, en suivant le fil de la conscience, on accède à la Vérité.

« Amour », « Bonheur », « Infini », « Espoir », « Dieu » ... Ces « grands mots » ont été créés pour expliquer ou imager ce qui ne peut être expliqué factuellement. Ils sont donc presque toujours interprétés et utilisés pour soutenir une certaine « vision » du monde ou de la spiritualité. On devrait idéalement se passer de ces mots. On devrait limiter son vocabulaire à des mots pratiques qui désignent des objets.
Mais l'être humain est une créature « intelligente » qui veut tout comprendre et tout expliquer, y compris, parfois l'incompréhensible et l'inexplicable... par le mental tout du moins.
Là est le piège.
Alors, contournons le piège en déconstruisant la signification égotique de ces mots. Utilisons ces mots pour créer, et non pour conclure, enfermer, dissimuler ou tromper.

Vous seul découvrirez le Chemin.
Vous seul déciderez de l'entreprendre.
C'est toute la beauté de la Liberté.

CE QUI N'A PAS DE NOM

Dans certaines religions, il est interdit de nommer ou même de représenter le dieu de ces religions. Cela permet de conférer à ce dieu plus de pouvoir et plus de mystère.
Mais il y a autre chose de plus profond.
Lorsqu'on parle de Dieu, même quand on le personnalise, on parle en fait, au fond, de l'infini, de « l'au-delà de ce que nous voyons », de cette conscience qui sait tout et qui est partout. On ne parle pas d'une « idée » sortie un jour de l'esprit d'un druide en transe. On parle de ce que toute créature ressent au fond d'elle. Derrière les pensées. Outre les pensées. Au-delà de l'intelligence consciente. C'est l'intelligence de la vie. C'est cette énergie, cette intuition, qu'on ne peut réellement décrire ni définir.

L'humain qui veut tout nommer et expliquer depuis qu'il veut tout personnifier, identifier et signifier, « lui » donne alors des noms, un sens, un rôle et des attributs.

Et c'est peut-être pour ne pas tomber dans ce piège que certains esprits éveillés ont d'abord recommandé de ne pas donner de nom « à cela ». Ainsi, on reste dans l'intuition, on ne

« le » personnalise pas, car en le personnalisant, on le matérialise. On le fait rentrer dans le monde de la causalité, de l'espace et du temps. On lui en retire ainsi l'essentiel.

Mais cette recommandation s'est ensuite transformée en interdiction. Contrôle, peur, mystère et superstition.
Cette intuition, le plus souvent, est oblitérée par l'omniprésence du mental. Mais cela ne l'empêche pas d'être là. Elle refait surface dans certaines situations, mais tout de suite, on lie (c'est le cerveau qui le fait) cette intuition à la situation vécue. Cette intuition peut pourtant devenir un savoir quand on n'est plus dans ses pensées, quand on accède à la source.

Je nomme ce dont nous parlons ici : Ce qui est.

Je l'appelle aussi parfois « la Maison » pour le symboliser (mais attention aux symboles !). C'est aussi, « l'Être », « l'Amour », « le Grand Tout », « l'Univers » ...
Quoiqu'il en soit, ce ne sont là que des mots et, vous l'avez bien compris, il faut aller au-delà des mots pour accéder à ce qui n'a pas de nom.

EXERCICE DE PRÉSENCE : LA CONVERSATION

Si on change sa façon de parler, on change sa façon de penser.
Si on change certaines pensées, on quitte les émotions et souffrances qui y sont associées.

Voici un exercice de présence à répéter aussi souvent que possible. À faire à l'occasion d'une prochaine conversation. Au travail, en famille, avec un(e) ami(e) (mais pas forcément un intime – en face à face ou au téléphone.

*

Avant que cette conversation ne survienne, préparez-vous.
Soyez prêt et attentif. Reconnectez-vous au cœur. Retrouvez le moment présent. Vous êtes là, et ce qui arrivera arrivera « le moment venu ».

Ressentez ce calme en vous. Ce calme, c'est celui qui s'exprimera lorsque vous aurez cette conversation.

Si c'est au téléphone, lorsqu'il sonne, prenez deux ou trois secondes avant de décrocher (ne

décrochez que si vous êtes disponible.).
Respirer profondément. Souriez.
Vous êtes là. Vous êtes connectée « à vous » et « à tout », avant même que la connexion avec votre interlocuteur ne soit établie. En fait, vous êtes déjà connecté à votre interlocuteur avant que le premier mot ne soit prononcé.

Au téléphone, comme en face à face, vous êtes présent, vous êtes ouvert et pleinement attentif.
Bien entendu, cela dépend de la relation que vous avez avec votre interlocuteur, mais « dites-en » le moins possible. « Restez-en » tant que possible aux faits.
Et si vous perdez un peu « le fil » de la présence et que les mots commencent à s'enchaîner, concluez la phrase par un « voilà. », par exemple.
Laissez alors sereinement le silence s'installer.
Ne vous justifiez pas.
Ne cherchez pas à combler « le vide ». Le vide n'existe pas, il n'y a que l'impression de vide.
Et laissez l'autre poursuivre s'il le souhaite.

Essayez d'éviter les expressions telles que : « C'est trop génial ! », « C'est top ! ». Parce que quand on exagère, on n'est pas dans le vrai, et on prépare le terrain à la surenchère, puis à la déception.
Évitez de dire « J'en ai marre », « Ils me saoulent ». Parce que quand on se plaint, on se

pose en victime et on nourrit la souffrance.
Évitez de dire « C'est à cause de lui ». Parce que quand on accuse, on se coupe des autres et de soi, et on résiste à ce qui est.
Ne cherchez pas à avoir « absolument raison ». Parce que quand on veut avoir raison, on défend un personnage (celui qui croit que « ça, c'est vrai »), et on rentre dans la peur.

Et si votre interlocuteur se plaint, accuse, vous contredit, s'excite..., comprenez son état, mais ne l'intégrez pas en vous. C'est ainsi que vous restez véritablement présent : pas en rentrant dans son jeu émotionnel. Votre calme et votre présence dégageront des ondes « positives », et votre interlocuteur les accueillera ou les refusera. Mais ce sera son choix. Vous, vous avez décidé d'être présent et de le rester.

Prenez toujours un peu de temps avant de répondre.
Écoutez la question. Ne répondez pas automatiquement. Ce n'est pas une partie de ping-pong, c'est un échange d'information.

Dites ce que vous avez à dire, parce qu'il en est ainsi. Dites « oui ». Ou dites « non ». Ou dites « ça me va » ou « peut-être » ou « je ne sais pas ».

Tous les mots qui sortent de votre bouche doivent résonner pleinement avec votre vérité

et votre nature des plus profondes.
Vous allez ressentir et exprimer l'empathie même lorsque vous dites « non ». Parce que ce ne sera pas un non contre l'autre, ce sera un non qui dit oui à vous. Parce que ce sera un non qui vibre avec la vérité.
Parlez avec un sourire aux lèvres. Un sourire léger ou franc, pas un sourire ironique, narquois ou forcé... Le sourire de la vie. Le sourire de la Joie qui s'exprime sans fard ni voile. Le « sourire communicatif ».

Vous allez peut-être ressentir une certaine gêne à vous exprimer ainsi au départ.
Vous allez même peut-être avoir l'impression que vous êtes « hypocrite » et que vous ne dites pas vraiment (tout) ce que vous « pensez ». C'est normal. Laissez filer cette pensée. Vous avez décidé de changer vos pensées par la parole. Mais les anciennes pensées s'accrochent !

Plus vous allez prendre l'habitude de parler ainsi, plus ce sera naturel.
Plus vous parlerez de cette façon, plus vos mots émaneront de « ce qui est » et moins ils proviendront de « pensées automatiques ».
Vous ressentirez alors cette harmonie, que procure le fait d'agir selon sa véritable nature.

L'AMOUR, LE BONHEUR, LA PAIX LA VIE ET LA JOIE

Ces mots font le plus souvent rêver. Ils représentent trop souvent un idéal, un regret ou un espoir. Pourtant, ils intègrent tous en eux cette intuition de « ce qui est et qui n'a pas de nom ».
On court après après, alors qu'ils sont là. Toujours. Sans condition.

L'Amour, c'est cette connexion et cette énergie qui émanent de ce qui est.
Le Bonheur, c'est cet état qui fait qu'on est dans ce qui est.
La Joie, c'est lorsqu'on vit ce qui est.
La Paix, c'est lorsqu'on a reconnu qu'en fait, il n'y a que ce qui est.
La Vie, c'est l'incarnation de ce qui est.

Mais on pourrait tout autant changer chaque mot dans chaque phrase ! Essayez !

En fait, on en revient toujours à la même chose. Et dès qu'on va « plus loin » avec ces mots, on prend le risque d'entrer dans le monde de l'identification et de la signification. On en fait des arguments pour justifier ses croyances au sujet de « c'est comme ça que ça devrait être ». On se les approprie ou on les rejette. On veut les cueillir parce qu'on les trouve beaux et qu'on aimerait les exposer. Les garder « pour soi ». Mais en cueillant ces mots, on les coupe de leur racine.

Ces mots, il faut les choyer sans les vénérer. Il faut juste respirer leur parfum. Il faut les laisser là où ils prospèrent : dans la Nature.
Il faut les vivre sans leur donner de sens.

L'AMOUR

« L'amour ne possède rien et ne saurait être possédé, car l'amour suffit à l'amour ».

Khalil Gibran
Le Prophète

Creusons néanmoins le sujet, pour ce mot « magique » qu'est l'Amour.

L'Amour - avec un grand « a », n'a pas de signification. Il s'exprime dans la « liberté ». Et c'est lorsqu'il s'exprime libre de tout conditionnement et de tout sens qu'on peut le vivre véritablement. Et pourtant, on lui donne un sens. On va lui accoler des synonymes. On va lui poser des conditions. On va l'écrire avec un petit « a ».

En ce monde, on utilise le mot « amour » à « toutes les sauces ». L'amour va même jusqu'à se résumer à la cerise sur le gâteau.
Dès notre plus jeune âge, on nous pousse à le faire. Et ensuite, on encourage les enfants à le faire. « J'aime mon jouet. », « Tu aimes les frites que maman a préparées ? », « J'aime les chats, mais je n'aime pas les chiens. », « J'aime

aller à l'école parce que.. », « J'aime le foot, surtout quand on gagne le match. », « J'aime ma mère, mon père, quand... », « J'aime bien ce mec ».
Matérialiser l'amour. Comparer l'amour. Temporaliser l'amour. Donner une raison à l'amour. Justifier l'amour. Relativiser l'amour. On devrait dire : « J'apprécie » ou « C'est à mon goût ». Car le plus souvent, il s'agit de préférence, de plaisir, d'inclination ou de besoin. C'est ainsi qu'on emploie le mot « amour ». C'est devenu une habitude. Un vocabulaire automatique.

Dans la Bible, il est dit : « N'invoque pas le nom de Dieu en vain ». Ainsi devrait-il en être aussi pour l'Amour. Ne pas l'invoquer en vain, c'est ne pas prononcer « Amour » quand on parle de « l'amour selon l'égo » : celui de l'attachement, du besoin, du conditionnel et de la possession.
Une grande partie des humains vivent dans l'inconscience en entretenant cette confusion. Toutefois, en parallèle, une autre partie, croissante, d'entre eux en revient à la source. Mais toujours restera la responsabilité « individuelle » de se connecter à la source de l'énergie, celle de l'Amour véritable... ou de rester dans des pratiques, des réflexions dans lesquelles l'intellect, et les besoins qu'il crée, continuent d'interférer et de jouer un rôle forcément nuisible à cette connexion.

Et l'Amour, ce n'est pas la passion. Étymologiquement, « passion » vient de « souffrir ». D'où la « Passion du Christ ». On ne souffre pas de l'Amour : on souffre de l'idée que l'on s'en fait.
Rod Stewart a chanté : « I need passion, can't live without passion » : « J'ai besoin de passion. Je ne peux pas vivre sans passion ». Et le mot « passion » est d'ailleurs prononcé avec une forme de plainte, presque de rage. Donc, pour le dire sans détour, il est prêt à souffrir pour avoir des émotions fortes. En quelque sorte, la souffrance est une condition indispensable à la « vraie vie ». La souffrance est un passage obligé à l'amour. Pourtant, si on n'écoute pas les paroles, dans le rythme et la mélodie de la chanson, c'est l'énergie de l'élan vital qu'on perçoit.
Mais ce n'est pas assez. Il faut la passion !

L'Amour ce n'est pas s'attacher ou s'attacher à. Bien au contraire, on n'aime vraiment que lorsqu'on est libre (ce qui n'implique pas l'indifférence). Parce qu'alors, il n'y a pas de prix à payer pour qu'il s'exprime.
Ce n'est pas « avoir une histoire d'amour ». Une histoire, c'est forcément une projection, une interprétation du mental.
Ce n'est pas « attendre quelque chose de l'autre », ou « avoir envie de faire plaisir, afin de... ».

Ce n'est pas être « fier » de son compagnon ou de sa compagne, de ses amis, de sa famille.
Ce n'est ni le plaisir ni le désir. L'Amour peut s'y exprimer, mais ce n'est pas « que ça ».

Tout le monde peut être « heureux » et dans l'Amour, car tout le monde peut s'y connecter : en décidant par exemple de « ne pas s'en faire ». Nul besoin de lire des livres, de s'agenouiller, ou d'écouter un gourou. Il suffit de regarder autrement et ailleurs.

Il y a des personnes qui ne se plaignent jamais de rien, qui sont sereines et bienveillantes naturellement. Le plus souvent, elles sont plutôt discrètes. Elles semblent heureuses sans être excitées ou passionnées. Elles n'ont qu'une seule passion : celle de la Vie.
Elles sont dans l'Amour, sans le savoir. En fait si : elles le savent très bien, mais elles n'y donnent aucune signification.

Lorsque l'amour n'a ni nom ni visage.
Lorsque l'amour n'a ni condition ni conséquence.
Lorsque l'amour s'exprime sans idéal, sans calcul et sans peur.
Lorsque l'amour est aussi « ce qui est ».
Lorsque l'amour se vit en présence.

Alors, c'est l'Amour.

L'INFINI

Le mental ne pourra jamais saisir réellement un concept comme l'infini, car l'infini n'est pas de « notre monde », de cet univers, dans lequel tout a une cause, un début et une fin, une explication directe ou relative, un avant et un après.
Il est « au-delà » de tout cela.
Il est « outre » cela.
En fait, l'infini ne peut se définir... puisque c'est l'infini ! Si on définit l'infini, on le limite au sens des mots qu'on aura choisis. Mais l'infini, par définition, n'a pas de limite ! Mieux vaut donc en rester à l'intuition.
Essayez de visualiser l'infini. On ne peut pas le faire par la réflexion. On ne peut pas le visualiser ou le comprendre. On peut juste en accepter « l'idée », ou non.

Interrogez les plus grands scientifiques, ils ne savent pas vraiment répondre à la question de savoir si l'univers physique est fini ou infini. Ils vont souvent botter en touche et dire : « on est plus dans la métaphysique ».
Mais alors, qu'y a-t-il après, plus loin ? Qu'y avait-il avant, « de l'autre côté » ?
Eh bien, on en arrive, en fin de compte, à la question de l'Infini. C'est-à-dire, celle de « ce

qui est », de l'Amour aussi (on parle « d'amour infini » n'est-ce pas ?). C'est une question à laquelle on n'aura jamais de réponse « concrète » apportée par le mental.
Et la métaphysique, qui tente d'apporter une réponse « rationnelle » aux questions dont la réponse ne peut être trouvée par la raison (en fait, à LA question fondamentale : « qu'est-ce qui est derrière tout ça ? »), arrivera, quelle que soit la finesse de sa réflexion, à un moment donné, dans une impasse, et bloquera face au mur de la dualité. En d'autres termes, la métaphysique soulève les bonnes questions et a le mérite de se pencher dessus, mais elle ne peut pas répondre à la plus essentielle d'entre elles, puisqu'elle porte en elle le mot « physique ». Elle intègre en elle la condition de la matière et la méthode de la preuve.
Alors on peut juste accueillir « l'idée », évidente, mais inconcevable pour le mental, que l'univers n'existe qu'à l'intérieur de lui-même.
C'est tout ce que l'on peut faire et tout ce que l'on devrait faire.
Et viendra le moment où on n'a plus à se poser cette question, parce qu'on n'aura plus besoin d'avoir une réponse.
Ce moment, on y est, maintenant.
Et maintenant. En ce moment même... Il n'y a pas de question. Il n'y a pas d'avant et d'après. Il y a l'Infini.

EXERCICE DE PRÉSENCE : LE FRUIT

Imaginez votre fruit préféré, ou l'un de vos fruits préférés.
Rappelez-vous le plaisir que vous avez à le déguster. Imprégnez-vous de cette sensation.

Ne mettez pas de mot, ne la décrivez pas.
Juste la sensation.

Il y a aura peut-être une émotion associée au plaisir. C'est le principe de la madeleine de Proust. Déguster ce fruit vous rappelle certains moments passés de votre vie, et une émotion, qui peut être de la nostalgie, par exemple, apparaît. Ou alors une certaine attente...
Cette émotion s'est ajoutée à la sensation, parce que vous avez donné du sens à cette sensation.

Coupez le lien, en mettant de côté l'émotion.
Zappez l'émotion.
Restez-en au fruit et au plaisir brut qu'il procure lorsque vous le savourez.

Maintenant, oubliez le fruit.
Oubliez le goût et la texture.
Oubliez la forme et la couleur.

Ne gardez que le plaisir.
Restez-y quelque temps.

Ensuite, oubliez le plaisir.
Ne gardez que le sentiment profond du moment, derrière le plaisir.
Appréciez-le.

Que reste-t-il ?
Que reste-t-il derrière l'émotion ?
Que reste-t-il si on met « de côté » l'objet du plaisir ? Quand on n'identifie plus la source du plaisir au plaisir ?
Que reste-t-il quand on n'est plus « dans » le plaisir ? Qu'est-ce qu'il y a derrière ?

Ressentez et reconnaissez.

Ne serait-ce pas la vie sans émotion, sans pensée, sans corps et sans image ? Juste une sensation de bien-être ? Une forme de joie, sans excitation, sans objet, sans cause et sans conséquence. Douce et apaisante.

Ce n'est plus le fruit. Ce n'est plus le plaisir que ressent le corps. Ce n'est plus l'émotion (agréable ou non) que procure le souvenir de la sensation.
C'est ce qui est toujours là. Lorsque vous êtes là. Vous pouvez l'être à tout moment.
Maintenant. Toujours, maintenant.

LA NATURE

La nature est parfaite... parce qu'elle est comme elle est. Et c'est uniquement lorsqu'on la « voit » ainsi qu'on en saisit sa perfection.
Quand on croit qu'elle pourrait être plus belle, plus verte, plus ensoleillée... on veut qu'elle soit autre chose que ce qu'elle est. On en corrompt alors la pureté, on lui en abîme sa perfection. Parce qu'on ne la prend pas « telle quelle », parce qu'on ne l'accepte et ne l'accueille pas pour ce qu'elle est.
Car si elle était plus belle encore, plus verte ou plus ensoleillée, croyez-vous que cela suffirait à l'humain ? Non. Il savourerait le fruit de « sa » création, mais très vite, s'en lasserait et trouverait à nouveau à y redire. Ce ne serait « jamais assez ». Ça deviendrait rapidement vieux, inutile, ennuyeux ou démodé... Et on se querellerait rapidement afin de définir si, oui ou non, le résultat est « en effet » plus beau, meilleur, « idéal » ...
Tout part de là pour l'humain : de ses besoins assumés d'excitation, de plaisirs, d'émotions fortes, et de ses besoins inconscients de contrôle, de classification, et de jugement.
Et en conséquence : de son incapacité à apprécier « les choses » simplement, telles qu'elles sont, et quand elles se présentent à lui.

À en accepter pleinement, et sans condition, leur nature et leurs expressions.
Et cette incapacité intervient également « entre humains » : lorsqu'on attend de « l'autre » qu'il soit « autre chose », qu'il agisse « autrement », qu'il pense « différemment » ..., selon ses propres préférences, bien entendu.
Et dans « les autres », il y a aussi « nous », car nous rejetons souvent certaines parties de nous-mêmes : un passé douloureux (parfois sous la forme d'un refoulement), ou des traits de caractère qui ne correspondraient pas à l'image qu'on se fait de « soi » ou qu'on souhaiterait que les autres aient de nous.
Il ne s'agit pas de morale. Il s'agit d'être selon ce qui est. Il s'agit d'être présent.
Un tel état d'esprit et un tel état d'être n'empêchent aucunement l'action, la création et le choix. Simplement, ils devraient s'inscrire dans l'ordre naturel de la Vie. En totale harmonie avec la nature (qui est aussi notre véritable nature), qu'elle s'exprime au travers de la douceur ou de la force.

Quand « rien ne va plus », quand « ça ne tourne plus rond dans la vie », on peut se poser la question : « Est-ce que ça existe dans la nature, en dehors du monde des humains ? »
« La nature ne ment pas », est-il dit. Suivez le repère de la Nature, vous ne pouvez pas vous tromper... même quand vous « échouez ».

L'ÉLAN VITAL

Qu'est-ce que la vie ?
Qu'est-ce que notre corps ?

Les animaux, se posent-ils ces questions ? Les arbres, se demandent-ils pourquoi ils vivent et comment ils doivent vivre ? Les rochers, sont-ils inquiets de ne pas pouvoir se mouvoir ?
Ils sont. Et tout est parfait ainsi. Ils vivent aussi longtemps qu'ils vivent. Et lorsqu'ils ne vivent plus, « au sens existentiel du terme », les cellules qui les constituent, continuent à vivre et se recyclent.
Ils ne veulent pas « plus » ou « autre chose » que ce que la Nature leur propose de vivre. Ils s'adaptent lorsque les temps sont durs, sans se plaindre, et ils prennent « ce qui est à prendre », mais pas plus que ce dont ils ont besoin. Ils « prennent leur place » pour survivre, mais ils vivent aussi en harmonie avec la nature. Sans elle, ils savent qu'ils ne peuvent survivre. Ils savent instinctivement que la nature est ainsi faite. Ils ne le disent pas, ils ne le pensent pas. Ils le savent.

N'est-ce pas une description de ce que pourrait être une vie « accomplie » ?
N'est-ce pas beaucoup plus simple ainsi ?

Qu'au fond, nous soyons plus ou « outre » ce que nous voyons ou percevons au travers de nos cinq ou six sens, ne change rien au fait qu'il y a aussi ce corps qui évolue et qui, un jour, « redeviendra poussière ». Poussière qui sera le foyer de nouvelles formes de vies.

Pourquoi, parce qu'on serait dans une quête de la vérité, devrions-nous oublier notre corps ? LE corps. Et ainsi, oublier la nature ?
Ce n'est pas parce qu'on s'est rappelé à soi-même », qu'on devrait négliger, mépriser, ou, au contraire, glorifier ou adorer le corps, sa nature physique et énergétique.

« Ce qui est » s'exprime, en cette réalité, par le corps, pour les animaux.
Mais le corps n'est pas (que) « ce qui est ».

Être, vivre et incarner la vie, c'est « habiter son corps avec respect, c'est aussi accepter le caractère particulier de sa nature ». Caractère particulier qui peut évoluer avec le temps. Comme le corps évolue et se transforme imperceptiblement.
Tout cela est tout à fait naturel.
Selon la nature des choses.

*

Il y a une telle diversité d'apparences,

d'énergies et d'expressions. Mais tout fonctionne selon le même principe.
Celui de la Nature.

Beaucoup de gens ne se satisfont pas de cela.
Il faut « plus ».
Il faut « autre chose ».
Il faut être « unique et différent ».
Il faut être « au-dessus » de tout cela.

Ils ne vivent plus selon leur caractère naturel. Ils ne sont plus « dans l'élan vital ». Ils sont plutôt dans l'élan de ce personnage qu'ils croient être, ou veulent être dans ce monde idéal auquel ils aspirent.
Il n'y a rien de « mal » à cela. C'est juste que cela crée le « malheur » : cette souffrance de ne pas vivre selon sa nature et selon la Nature.

Lorsqu'on accepte à nouveau tout de son corps, y compris sa condition périssable, de son caractère physique et fonctionnel, de sa nature et de la Nature, on est forcément dans « ce qui est ». Et lorsqu'on est dans cet état, on agit et on vit selon l'élan vital.

Suivre l'élan vital, c'est être certain qu'on ne se trompe pas, même quand on « perd ». C'est agir en harmonie avec ce qui est, et ce que le corps doit vivre.

MARCHER

Certaines situations de la vie d'un être humain « moderne » sont plus propices que d'autres à la reconnexion « à soi », c'est-à-dire à « ce qui est ».
Au moment de se coucher, avant de s'endormir. Lorsqu'on n'a rien de particulier à faire. Lorsqu'on travaille « chez soi » avec son corps pour des activités essentielles et authentiques telles que le jardinage alimentaire ou la cuisine (la nourriture), le ménage ou le bricolage (l'abri).
Et quand on marche.
Mais le plus souvent, les gens sont « dans leurs pensées » dans ces moments-là.

Dans le domaine spirituel, on décrit souvent la marche en pleine nature comme un moment « magique » où la connexion à tous les êtres de la nature, et plus encore « au grand tout », se révèlerait à nous. C'est vrai, mais on verse souvent dans le fantasmagorique ou le folklorique. Et celles et ceux qui ne ressentiraient pas cette « magie », parce qu'ils s'attendraient à « un truc de fou », du « sur-naturel », pourraient renoncer à marcher « autrement ».
Car c'est plus simple que cela.

La magie n'est pas vraiment dans le décor, dans les odeurs, dans les sensations ou même les énergies qui émanent de la nature. Elle est derrière tout cela. Elle est « outre » cela. (Rappelez-vous de l'exercice de présence avec le fruit).
La magie c'est ce que l'on ressent lorsqu'on est dans « ce qui est ». Tout simplement. Et lorsqu'on marche, à certaines conditions, on est dans « ce qui est ». On est dans l'incarnation de ce à quoi notre corps est destiné.

Pourquoi marcher favorise l'accès à un état « en présence » ?

Un jour, par opportunité ou par contrainte, l'ancêtre de l'humain s'est levé et a commencé à marcher sur ses deux jambes qui étaient ses pattes arrière, ses membres postérieurs pour être plus précis, et qui sont maintenant appelées « les membres inférieurs ». Ils sont aujourd'hui appelés ainsi parce qu'ils sont en dessous des membres supérieurs... sauf quand on marche sur les mains, ce qui n'est pas donné à tout le monde. À noter que les membres inférieurs ne « se sentent » pas inférieurs aux membres supérieurs. Et les membres supérieurs ne sentent pas supérieurs aux membres inférieurs. Ça, c'est un problème

d'humain !
Bref.
Tout cela pour rappeler « d'où on vient ».

Durant la majeure partie de son existence, l'humain a marché.
Il ne marchait pas pour se promener le plus souvent. Il marchait pour trouver de la nourriture : chasser ou cueillir. Il marchait pour trouver un abri et trouver du bois.
La marche, c'est ce qui lui permettait de survivre. Et parce que la nature récompense ce qui porte la vie, il y prenait du plaisir. Certainement, la production et la diffusion dans le corps de certaines hormones du plaisir doivent-elles être intrinsèquement liées à la l'exécution de l'effort que représente la marche.

Il y a ce plaisir.
Et il y a « l'état ».

Quand l'humain marchait, il était attentif. Il observait l'environnement. Il était à l'écoute de tout ce qui émane de la nature, des signes et des indications qu'elle donnait : une certaine humidité, des traces dans le sol, une couleur de ciel, une ombre dans une falaise au loin, un bruit d'animal, un courant d'air, un type de fleur dans un certain endroit associé souvent à la présence d'un autre être ....
Le corps et les sens sont alors connectés, il n'y

a pas de peur, juste une saine vigilance, une attention profonde. Tout se vit en « temps réel ». Le corps sait cela. Et l'esprit est en paix. Même si le corps est en alerte.
Et lorsque l'humain marchait ainsi, il n'avait pas forcément de destination ou de chemin prédéfini. Il n'avait pas un « timing » à respecter. Il était à l'affut des opportunités. Il n'y avait donc pas ces pensées qu'on peut avoir aujourd'hui telles que : « je dois voir ça » ou « je dois le faire en tant de temps », ou bien encore : « je dois faire ça après ». Ces pensées l'auraient détourné de cet état de présence et lui auraient fait manquer les signes, les indications et les possibilités.

Lorsqu'on marche, avoir une destination, un chemin, des horaires à respecter ne favorise donc pas l'accès à cet état de conscience et de présence. Car alors, on est « dans ses pensées », on est dans le temps. Pas dans ce qui est. Et c'est lorsqu'on est dans « ce qui est » que l'esprit est en paix.
Marcher sans chemin « établi » et sans timing « à respecter » permet aussi d'être surpris par ce que la nature réserve parfois de mystère et de beauté particulière. D'une petite pierre qui aurait une forme étonnante jusqu'au panorama à 360 degrés, qui surgirait soudain du haut d'une colline qu'on viendrait de franchir. Ces émerveillements surviennent dans leur pleine puissance lorsqu'on ne les

cherche pas, quand on n'est pas dans l'attente. Juste attentif. Et si on est ainsi émerveillé par et dans la nature aujourd'hui, c'est aussi parce que trop souvent, on a l'oubliée et on s'est oublié.

Marcher, c'est aussi savoir s'arrêter pour observer un détail, contempler un paysage ou reposer le corps.

Enfin, marcher, c'est consacrer son énergie au corps et moins au fonctionnement du mental qui est devenu chez l'humain le plus grand consommateur d'énergie. Plus d'énergie pour le corps, c'est moins d'énergie pour le cerveau. N'avez-vous pas remarqué que même si on est « dans ses pensées » au début d'une marche, peu à peu l'intensité des pensées s'estompe pour laisser la place à un sentiment de bien-être et de quiétude ?

Il y a le plaisir, il y a les hormones, il y a la connexion, il y a la présence, et il y a forcément moins de pensées.
Tout est lié dans la marche, comme pour tout.

Comment marcher en présence ?

Avant de marcher, il faut se décider à marcher. C'est là que surviennent les freins de l'égo. C'est le premier obstacle à contourner.

Par le passé, pour vivre, il fallait marcher : pour manger et pour trouver un abri.
Aujourd'hui, on a tout dans son réfrigérateur, on a une maison, il y a des hôtels partout, on a une voiture, un vélo, une trottinette, le train, l'avion, les hélicoptères ...
La nécessité fait l'évidence.
La facilité peut créer une certaine paresse et l'oubli de l'essentiel.

Les gens qui marchent régulièrement ont déjà créé dans leur cerveau ce savoir « qu'il est bon de marcher », et dans le corps, cette habitude et ce besoin physique de marcher.
Tant que ce savoir et ce besoin naturel, par la force et l'exemplarité de la pratique, ne seront pas ancrés, il faudra faire « l'effort » de sortir et ne pas prêter attention à toutes les excuses que présentera le mental pour éviter de sortir de chez soi. Des pensées vont venir, telles que : « Oh, tu as mieux à faire », « Il ne fait pas assez beau, il fait trop froid », « Tu vas perdre ton temps, tu as mieux à faire » ... etc.
Et ici comme ailleurs : laissez filer. Laissez passer le plat. Souriez ! C'est amusant en fait de voir cet empressement obsessionnel du mental à occuper l'esprit.

Évitez, si vous êtes sorti marcher avec « d'autres personnes », de trop parler, et de « tout » commenter. Le corps se satisferait de

la marche, mais l'esprit n'en tirerait aucun bénéfice.
Le silence des mots fait place à ce bel air profond que chante la nature à l'esprit. Et inspirer profondément l'air pur de la nature (sans l'expirer sous la forme de mots) afin de soutenir l'effort enchantera le corps.

Suivez le chemin qui se présente à vous.
Concentrez-vous sur la nature.
Regardez et ressentez.

Vous pouvez commencer par une petite quête. Amusez-vous à chercher un certain type de fleur, d'arbre, de couleur, de pierre, d'oiseau... Et ensuite, ne cherchez plus rien. Et allez là où vous devez aller.

Marchez. À votre rythme, au rythme de la nature. Présent.

Vous êtes le marcheur.
Vous êtes le corps qui se meut, vous êtes l'effort.
Vous êtes un élément de la nature, mais vous êtes aussi la Nature.
Vous êtes ce qui voit et ce qui est vu.
Vous êtes ce qui est, « dans » ce qui est.
Vous êtes dans le vrai.

LE CARACTÈRE

Si on agit selon son caractère, on agit selon l'élan vital, et on ne peut pas se tromper. On ne se « ment » pas à soi-même. On ne « ment » pas aux autres, quelles que soient les conséquences de nos actes.
Si on agit contre son caractère, ou différemment de ce que devrait en être sa manifestation, on souffrira, car on ira contre la Nature et celle-ci se rappelle à nous.

Le caractère, ce n'est pas la gentillesse, la générosité, la roublardise, la mesquinerie...
Parfois, on est « gentil » parce qu'on nous a dit qu'il fallait l'être. Parfois, on est « généreux » parce qu'on croit qu'on doit l'être. Parfois, on est « roublard » parce qu'on croit qu'on doit tromper les autres pour « s'en sortir ».
Ce sont là plutôt des « traits de personnalité » qui dépendent de croyances.

Le caractère « brut », c'est plutôt, la faculté d'être logique, l'extraversion ou l'introversion naturelle, même si on peut être introverti ou extraverti outre mesure, à cause de croyances...
C'est un côté masculin et féminin plus ou moins affirmé. Mais là aussi, il faut faire la distinction entre la nature et les croyances, qui

sont les fruits du conditionnement mental auquel on a été soumis ou dans lequel on s'est peut-être soi-même enfermé.

Le caractère d'un être, c'est sa nature.
Ce caractère évolue lui aussi. Il n'est pas figé. Comme la nature. Les circonstances de la vie, les choix qui seront faits, feront que le caractère pourra s'exprimer ou non.

Prenons un exemple : celui d'une baleine femelle qui, un jour, deviendra le leader d'un groupe. Elle le deviendra parce qu'elle aura montré qu'elle faisait de bons choix et que son caractère est d'être avisée. Le jour venu, c'est elle qui choisira, pour le groupe, le chemin à emprunter.
Était-elle déjà expérimentée et avisée avant de guider le groupe ?
Oui.

Le caractère est libre des circonstances et de toute croyance. Le destin est la rencontre d'une situation et d'un caractère. Et c'est en exprimant son libre arbitre qu'on accomplit son véritable destin.

Lorsqu'on accepte tout de son caractère, dans le moment présent, c'est qu'on est présent.
Alors, on vit ce qu'on a à vivre. Alors, on apprécie et on peut apprécier ce qui est.

L'INSTINCT DE SURVIE

Il peut paraître étonnant d'aborder le sujet de l'instinct de survie lorsqu'on parle de « spiritualité ».
L'objectif de la spiritualité, hors de toute idéologie, hors de tout rêve, hors de toute idée qu'on se fait du bonheur ou de la sagesse, hors de toute morale bien entendu, c'est de quitter la « souffrance de l'Homme ». Tel est d'ailleurs l'objectif (s'il y en a un) de l'éveil, selon Bouddha. Et en quittant la souffrance, on retrouve la Paix.
Et la souffrance, au-delà de toute explication psychologique et même spirituelle, c'est d'abord un ressenti.

Ce ressenti de souffrance, il est lié à l'instinct de survie.

*

Lorsque deux lionceaux se battent pour récupérer la plus grosse part d'un bout de viande que ses géniteurs ont laissé de côté pour eux, ils le font parce qu'ils « savent » qu'il en est ainsi de la nourriture : on doit se servir. On doit « prendre sa part ». Parce qu'il faut manger, parce que, parfois, l'autre veut la

même chose et qu'il n'y en aura pas toujours pour tout le monde.
Qu'est-ce qui pousse le lionceau à se battre pour avoir sa part ? Techniquement ? C'est un mélange de peur et de colère qui envahit son corps : « Si je ne prends pas ma part, je suis en danger ».

Pour chaque espèce, selon l'environnement (climat, présence ou non de prédateur ou de nourriture, d'eau, de relief...), la démographie (sous-population ou surpopulation) et la situation, ce seront les plus forts, les plus habiles, les plus alertes, les plus rapides, ou les moins impatients, les moins gros... qui auront le plus de chance de « se servir ». En tout cas, de prendre « la bonne part ». C'est la survie du corps qui est en jeu.
Et la race se perpétue et se développe avec les éléments qui possèdent ou ont développé les aptitudes les plus pertinentes pour y parvenir.
Parfois, elle disparaît parce qu'elle n'a pas eu le temps de s'adapter suffisamment vite (à l'occasion, par exemple, d'un soudain changement climatique, ou l'arrivée dans son espace de vie, d'une espèce... invasive et prédatrice).

Ainsi en est-il de la survie, de la sélection naturelle et de l'évolution, en ce monde. C'est « cruel » si on se place d'un point de vue moral, si « on croit » que tout devrait se passer

« autrement », mais c'est ainsi que « ça marche » dans la nature, et donc ce n'est pas « mal ».
Il n'y a pas de morale dans ces principes. Les animaux trouvent cela « normal », puisqu'ils n'y résistent pas. Ils l'acceptent et ne se posent pas la question de savoir si c'est « injuste » ou pourquoi il en est ainsi.

Lorsqu'une gazelle est traquée par un guépard, que ressent-elle ? De la peur. C'est cette peur qui la fait courir. Elle ressentira fortement cette peur tant qu'elle ne sera pas à l'abri.
Que ressent un chien errant qui n'a pas mangé depuis plusieurs jours ? La faim. Cette faim, c'est une sensation intense d'insatisfaction ressentie par le corps indiquant au chien qu'il doit absolument trouver à manger, car il est en danger s'il ne mange pas. Des agissements agressifs pourront en résulter.
C'est l'instinct de survie qui a développé toute une panoplie de signaux d'alerte (ressentis physiquement comme un malaise, une douleur) qui poussent l'animal à agir d'une certaine façon selon les situations, lorsque sa vie est en danger.

Chez l'humain, lorsque le corps est en danger, une décharge d'hormone (adrénaline et cortisol) transmet un « sentiment d'insécurité » au cortex cérébral. Ce sentiment, réinterprété par le cerveau, conduira

éventuellement à quitter la situation. À chercher absolument, et peut-être trouver, une solution qui préservera « le corps ».
Si le danger est immédiat, la peur envahit le corps et fait réagir par un réflexe immédiat de survie. Si le danger est latent, on va suivre ou non l'instinct, puis la réflexion du mental, et décider de ce qu'il y a de mieux à faire le moment venu (quitter un lieu, se reposer, se soigner...).
La peur (qui est une émotion, une sensation et une forme de douleur) restera tant qu'on ne sera pas « tiré d'affaire », tant que la situation sera perçue comme dangereuse.

*

Mais alors, que s'est-il passé chez l'humain pour qu'il ait, lui, tout le temps peur ? Qu'il stresse souvent, qu'il soit sous tension en permanence, même lorsque son corps n'est pas en danger ?

Son instinct de survie a été perverti par le mental.

L'instinct de survie ne protège plus simplement le corps, mais aussi des idées, des besoins autres qu'existentiels, des opinions, des « points de vue ».

À la peur du corps instinctive dont nous avons

parlé, et qui ne se manifeste que lorsque le corps est en danger, s'est ajouté, chez l'humain une autre forme de peur. Une peur qui provient, elle, directement du mental, et qui peut ensuite être perçue par le corps.
Cette peur est devenue permanente, même si le plus souvent, elle est refoulée, niée ou recouverte et dissimulée par l'excitation et la fuite, ou la recherche de plaisir.

Et cette peur a investi tous les domaines de la vie de l'humain.
La peur de ne pas faire partie du groupe.
La peur de ne pas être apprécié.
La peur de ne pas être à la hauteur.
La peur de ne pas contrôler.
La peur d'être trahi, trompé, quitté.
La peur d'avoir tort... ou même d'avoir raison.
Etc.
Cette peur n'est pas la même que celle visant à protéger le corps : l'instinct de survie naturel.
C'est la peur du mental. La « peur égotique ».
Mais le « ressenti » est le même.
Et ce ressenti est physique, désagréable et plus ou moins intense selon le degré de dangerosité de la situation. Selon, dans le premier cas, que le corps soit plus ou moins menacé. Ou, dans le second cas, qu'autre chose que le corps soit attaqué.
« Qui » est en danger ? « Qu'est-ce qui » est en danger, quand on ressent la peur, alors que le corps n'est pas en danger ?

En sachant répondre à cette question, on découvre l'origine de l'illusion et de la confusion. On sort du conditionnement.
En sachant cela, on dédramatise la souffrance et on ne va pas chercher d'autres coupables ou des solutions « miracles » pour la faire disparaître.
Parce qu'il n'y a qu'une seule cause à cette souffrance : l'identification au personnage. Le personnage que l'on croit être ou qu'on veut être. Et cette identification fait qu'on veut « le » protéger.
Dès lors qu'on croit être « quelqu'un qui est ceci ou cela », et donc qu'on s'identifie au personnage correspondant, dès que ce dernier est attaqué, ne serait-ce que sous la forme d'une remarque désobligeante, l'instinct de survie se manifeste et dit « tu es en danger ». Mais ce « tu », ce n'est qu'un personnage. Ce n'est plus l'instinct de survie « naturel ». C'est une forme de folie.
Il faut « garder en vie » quelque chose qui n'existe pas !
Et c'est bien l'instinct de survie qui est intervenu et qui a transmis mécaniquement un message de danger au cerveau et une sensation de peur dans le corps.

Tout être de la nature doit lutter pour sa survie. Il doit prendre sa place puis la garder. Il doit se nourrir et se protéger ou se ménager, lorsque « les temps sont durs ».

Mais cette lutte se vit en paix. Car elle vibre avec la Vie et que la vie est ainsi faite. Il n'y a pas de dissonance, pas d'interférence avec l'élan naturel. Et lorsque le corps est rassasié et en sécurité, la paix du corps s'ajoute à la Paix de l'esprit.

L'être humain, le plus souvent, mange à sa faim et dort en sécurité. Et pourtant, il est constamment « en lutte ». Il appelle cela « le stress ». Il trouve cela normal car il s'y est habitué depuis qu'il a revêtu son habit de « personnage ». Ce qui était « une seconde peau » est devenue sa première peau. Et en même temps, il s'habillait d'une façon de plus en plus sophistiquée en respectant les codes culturels ou la mode du moment.
Il ne lutte plus pour sa survie, mais pour « sauver la peau » du personnage auquel il est identifié. Ce personnage étant une idée, un concept, un fantasme... cette lutte est sans fin.

*

En fin de compte, seuls ceux qui restent dans l'intelligence du cœur, et non celle du mental, connectés à la Nature, présents à eux-mêmes et à ce qui est véritablement, échappent à ces souffrances uniques en leur genre dans le monde vivant.

L'ANIMAL

L'humain est un être vivant de la nature. Et l'humain est aussi un animal. Ce n'est peut-être pas « qu'un animal », mais c'est un animal du point de vue de la nature.
Ce qui différencie surtout et assurément les animaux des humains, c'est que l'humain, lui, a des croyances.
Il croit « qu'il devrait... », il croit « qu'il est... », il croit « que ce serait mieux si... ». Et il en est sûr. Il croit surtout qu'il n'est plus un animal, ou même parfois qu'il n'a jamais été un animal. C'est d'ailleurs le seul animal qui croit qu'il ne l'est pas !

Savez-vous que certains perroquets ont un vocabulaire de plus de 100 mots, et qu'ils ne font pas que répéter « bêtement » ce qu'ils entendent ? Que souvent ce qu'ils disent est parfaitement approprié à la situation ?
Savez-vous que les vers de terre bouchent l'entrée de leur galerie avec des petits bouts de feuilles afin de se protéger ?
Que des singes, des dauphins, et même des raies mantas ou des porcs se « reconnaissent » dans un miroir ?
Que certains poissons collaborent avec d'autres espèces de poissons afin de mieux se

nourrir ou se protéger ?

À la fin du 19e siècle, un éthologue britannique a dit que « nous ne devons en aucun cas interpréter une activité animale en fonction de processus psychologique supérieur si elle peut être impartialement interprétée en fonction de processus situés plus bas dans l'échelle de l'évolution du développement psychologique. » En clair : les animaux ne sont pas intelligents puisqu'ils sont moins intelligents que « l'Homme » ! Et ils ne pensent pas vraiment puisque leurs réactions découlent de leur expérience et de leur instinct inné.
Mais la très grande majorité des humains, n'agissent-ils pas selon des fonctionnements automatiques (les croyances) ? Ils disent qu'ils sont « conscients », mais sont-ils conscients de « cela » ? Non. Sinon, ils n'agiraient et ne penseraient pas ainsi.
Ce complexe de supériorité relevant de l'idéologie, c'est aussi ce qui a contribué à ce que les humains se séparent de la nature, et ainsi, se coupent d'eux-mêmes.

Acceptez tout de votre « nature animale » en débarrassant du mot « animal » toutes ses connotations négatives telles que « cruel », « sale », « bestial » ou encore « bête » ...
Alors, vous habitez « votre » corps en présence et en confiance, donc dans l'harmonie.

LE CERVEAU

Il y a tant d'études scientifiques qui parlent du cerveau.
Par exemple, on a « prouvé » que la méditation avait un effet bénéfique sur le fonctionnement du cerveau ». En clair : « moins on pense, plus on est en paix ». Comme c'est étonnant ! Et il faut le prouver scientifiquement ? Et on a besoin d'un « système d'imagerie par résonance magnétique » pour le démontrer ?
On aurait aussi « prouvé » que le siège de la conscience se situerait « bien » dans le cerveau. Mais qu'entendent-ils par conscience ?
Sans doute que médicalement, ces études et « ces découvertes » ont un intérêt. Peut-être que pour certains esprits « rationnels », ce sera l'occasion de découvrir « autre chose ».
Pour le reste, dans le domaine spirituel, accorder de l'importance à ces études et à ces « preuves » ne peut que détourner « du chemin ». Car sur « le chemin », justement, il n'y a pas de raisonnement, il n'y a pas de preuve, il n'y a pas d'objectif mesurable.
Et pourquoi faudrait-il être érudit ou expert scientifique pour être heureux ?
Si tel était le cas, « cela se saurait » ...

Ce qui suit, procède donc simplement du bon

sens, et n'a qu'un seul objectif : simplifier et revenir à l'essentiel.
Certains animaux ont cela de particulier qu'ils ont un cerveau.
Qu'il pèse 1 gramme ou 7 kilos (pour le cachalot), il ne sert qu'à cela, il a été conçu pour cela : trouver des solutions pour survivre dans cet univers, qui est « création et destruction », évolution et involution. Voilà à quoi sert le cerveau. Voilà la raison pour laquelle il est apparu, il s'est développé, il existe. Voilà sa mission originelle.

Le cerveau n'a au départ que cet objectif : assurer au mieux la survie du corps et de l'espèce.

Pour simplifier, appelons les êtres dotés d'un cerveau physique, les animaux.
La survie est la préoccupation qui est à l'origine de la plupart des occupations des animaux, même les plus légères et les plus agréables. L'instinct de survie « dit » au corps, au travers du cerveau et du système nerveux (qui est une forme de cerveau) :
« Chasse »
« Mange »
« Bois »
« Dors »
« Protège-toi et protège les tiens »
« Procrée »
On sait pourquoi.

Mais il lui dit aussi :
« Amuse-toi »
« Observe »
« Sois séduisant »
« Sois fraternel »
Parce que :
- S'amuser permet de progresser dans la maîtrise du corps, donc d'être plus performant.
- Observer ses aînés ou son environnement permet de gagner en autonomie et en expérience et d'assurer une certaine sécurité au corps.
- Être « attractif » (selon les goûts de chaque espèce) permet d'avoir plus de chances de procréer.
- Être fraternel permet de renforcer l'unité et donc la force du groupe.
Et tout cela est bon pour la survie et pour la préservation de l'espèce.

Il est très important de comprendre quelle est la fonction du cerveau. Le cerveau ne s'est pas développé pour qu'on sache « qui on est ». Le rôle premier du cerveau, c'est la survie du corps et de l'espèce. Tous les mécanismes automatiques du cerveau, du mental, ont été conçus dans cet unique objectif.
Il faut le savoir, parce qu'on pourrait avoir tendance à voir les choses « autrement ».
Comment fonctionne le cerveau ?

Le cerveau est fait de matière (grise).
C'est une caisse enregistreuse. Il fonctionne comme un ordinateur.
Le cerveau est binaire : il dit « bon pour toi » ou « pas bon pour toi ». Il enregistre une information et il en fait une vérité. Parce que le cerveau a besoin d'un « programme » pour fonctionner et dire au corps ce qu'il doit faire dans telle ou telle situation.
Chez l'humain, dans ce programme :
Il y a le « savoir » inconscient qui permet au corps de fonctionner, de survivre et de préserver l'espèce.
Et il y a une multitude de croyances au sujet de tout et de n'importe quoi. Certaines de ces croyances sont conscientes. D'autres sont un peu enfouies, cachées derrière d'autres croyances.

Si vous « dites » à un ordinateur que 3+3=7, si vous enregistrez cela volontairement ou par erreur dans son programme, et si ensuite vous lui proposez 3+3= 6, l'ordinateur répondra... que « c'est faux » !
C'est pareil avec le cerveau. À partir du moment où le cerveau a accepté ce qu'il considère comme un savoir, il en fait une vérité. Par exemple, si « je suis une victime du système » a été « enregistré », alors on s'est identifié à cette idée et « dans sa vie », on voudra confirmer que c'est vrai.

C'est pourquoi il est si difficile de changer d'avis. La réponse automatique du cerveau, quand on lui propose une idée différente de celle qu'on a à propos d'un sujet, sera celle de la réprobation et du rejet.

Qu'est-ce qui fait alors qu'on peut changer « d'avis » ?

Soit plusieurs expériences viendront contredire la vérité qu'on s'était faite sienne à certains sujets... Et le cerveau changera de vérité à ce sujet. Mais attention, cela peut être en fait une nouvelle croyance : par exemple, on peut passer de « je suis nul », à « je suis génial » parce qu'on aura eu du succès... Dans les deux cas, on est dans des croyances.

Soit accéder à un « état d'esprit » libre des croyances qui ont déjà été enregistrées, souvent inconsciemment.
Ouvrir son esprit, c'est cela !
Être véritablement inspiré, c'est cela !

On fait appel au bon sens, qui est aussi « l'intuition vitale », en s'y connectant directement. En revenant à la source, en étant en la « Maison », dans « ce qui est ».

Alors, on peut créer de nouvelles pensées alignées avec son caractère véritable, avec sa

« raison d'être », pour le formuler différemment. Le cerveau redevient un outil au service de la vie et n'est plus un « maître à penser et à agir ».
Et l'étape suivante, c'est de ne plus avoir d'avis sur rien du tout.
Plus de croyances.
Juste le savoir.

Quand on remet le cerveau « à sa juste place », on se libère plus facilement de l'identification au mental... et donc de l'égo.

LE TEMPS

Depuis que les calendriers ont été inventés, depuis que l'on comptabilise les dettes et les créances, depuis que les humains redoutent la mort, car pour eux, « c'est la fin de tout », et que certains d'entre eux croient que c'est en étant riches, puissants ou célèbres qu'ils atteindront l'immortalité...
Depuis ce temps, pas si lointain à l'aune de la présence des humains sur terre...
On compte le temps.
On pense à hier et on pense à demain. On pense au passé et on pense au futur. On pense à ce qu'on a fait et on pense à ce qu'on doit faire.
On fuit le présent.
Et dès qu'on le peut, on court vers des occupations et des divertissements, on s'exalte à l'occasion de bavardages au cours desquels on se rappelle les bons souvenirs ou on parle de ce qu'un tel a dit ou fait à une telle ; on s'évade avec des comportements de dépendances, au cours desquels, le plus souvent, on n'est plus présent à soi-même.
Et ensuite, on décompresse ou on se défoule.
Parce que : passer trop de temps à regretter et à espérer épuise émotionnellement, porter tous ces souvenirs en soi est lourd, vivre dans « l'attente de » crée une tension continue, celle

de l'insatisfaction de ce que l'on vit là, à ce moment-là.
Mais...
Ces souvenirs « ont l'air » tellement « réels ».
Ces émotions sont si fortes, et ce sont celles qu'on a vécues à l'occasion du moment où se sont passés ces souvenirs.
Ces rêves passés ou futurs sont si « beaux ».
Comment renoncer à ses souvenirs sans se trahir ou trahir ceux qu'on aime et ce qu'on j'aime ? Comment renoncer à ses rêves alors que ce qu'on vit aujourd'hui ne nous plaît pas ?

Et pourquoi y renoncer ?
Parce que vivre dans le passé et le futur fait souffrir.
Parce qu'y vivre nous éloigne de la seule chose qui existe vraiment : l'instant présent.
Parce que cela créera inévitablement, à court ou moyen terme, de l'insatisfaction et du stress.

Le passé n'existe pas. Il s'est passé, mais il n'existe pas.
Vous pouvez vous rappeler, en retenir certaines leçons, mais ne vous accrochez pas.

Le futur n'existe pas. Il se passera peut-être, mais il n'existe pas.
Vous pouvez envisager, anticiper, mais ne projetez pas

COMPTER

Depuis que l'humain sait compter, les chiffres comptent plus que l'Amour. Ils comptent plus que l'intuition. La vérité des chiffres a supplanté celle du cœur.

L'écriture a été d'abord créée pour compter les cheptels de propriétaires au temps de Sumer, puis des Égyptiens. C'est aussi à cette époque que les premières civilisations sont apparues. Ces civilisations que nous vénérons pour leur « génie » et qui ont créé ces « nouveaux hommes » : le roi, la reine, l'héritier, l'homme instruit, le comptable, le conquérant, le religieux, mais aussi l'esclave et le soldat... C'est à ce moment-là que les guerres de grande envergure, les invasions, les déportations, les exterminations, les religions d'État, l'esclavagisme sont aussi apparus. L'un n'existe pas sans l'autre.
C'est à ce moment-là qu'avoir a acquis plus d'importance que vivre et être. « J'existe parce que je possède ». « Je suis fort parce que j'ai gagné 10 batailles et tué 1 000 soldats ». Et on écrit cela ensuite pour la postérité.
C'est à ce moment-là qu'on a quitté la nature.
C'est à ce moment-là que l'égo « a explosé ».

Aujourd'hui, pour faire un choix, on va se baser sur les chiffres.
Dans nos démocraties, mais aussi dans les régimes autoritaires, les dirigeants, au-delà de leur besoin de garder le contrôle et le pouvoir, lorsqu'ils doivent faire un choix, vont prendre comme critère des chiffres. « Combien de morts vais-je éviter ainsi ? » Et les opposants, s'ils ont le droit de s'exprimer, diront : « On aurait pu éviter tant de morts si ». Ou bien : « Quel impact cette décision aura-t-elle sur la croissance ? »
Dans les entreprises et les administrations, on se posera les questions suivantes : « Où puis-je encore faire des économies ? ». « Ces salariés, sont-ils rentables ? ». « Lancer ce nouveau produit me permettra-t-il de gagner des parts de marchés face à mes concurrents ? ». « De quel budget publicitaire ai-je besoin pour convaincre ces nouveaux clients que je convoite ? »
Dans les foyers, au sein des familles, on va faire ses choix selon que cela concoure ou non au bien-être matériel. « Quelle est la maison qui prendra le plus de valeur à l'avenir ? ». « Quelles sont les études que devraient faire mes enfants qui leur permettront d'avoir le plus gros salaire ou la meilleure situation ? ». « Qui dois-je fréquenter pour avoir le plus de chance d'avoir une promotion dans mon travail ? ».

Voilà les questions qu'on se pose trop souvent aujourd'hui. Tout est tourné vers les chiffres et la matière. « C'est ça qui compte ».
Même le bien-être se mesure en chiffres.

Quand on compte, on n'est plus dans ce qui est. Forcément ! Puisque notre véritable nature ne se mesure pas.
Quand on compte, on compare, on valorise, on préfère. On choisit par rapport à ce qui rapporte le plus. Ne dit-on pas aussi : « Quand on aime, on ne compte pas » ? Mais on préfère « ne pas se faire avoir ».
En fin de compte, le plus souvent, les humains finiront par préférer l'avoir à l'être. Ils choisissent ainsi la peur plutôt que la vie.

*

Les chiffres ne mentent pas. Mais quels chiffres va-t-on choisir de prendre en compte ?
La Nature, ne ment pas non plus. Mais il n'y en a qu'une.
Alors, lorsqu'on s'est « perdu dans les chiffres », lorsqu'on a une « crise de valeur », il y a le repère : la Nature.
Et la Nature n'exige de la vie qu'une seule chose « ici » : se nourrir. Le reste est du confort ou de l'accessoire. Le reste peut être agréable, mais ce n'est pas l'essentiel.

EXERCICE DE PRÉSENCE : LA MUSIQUE

Choisissez un titre de musique ou un extrait d'un concert que vous affectionnez particulièrement.
Évitez si possible un titre avec des paroles fortes, que vous connaissez par cœur, car cela créera peut-être en vous plus d'excitation que de plaisir.
Préférez une belle mélodie, éventuellement accompagnée par des paroles, mais alors, elles ne doivent pas être trop chargées émotionnellement (dans une langue étrangère, par exemple).
Une mélodie qui a ce pouvoir de vous faire vibrer.

Écoutez, en fermant les yeux.

Peut-être avez-vous choisi le morceau en fonction de votre humeur du jour. Peut-être pas...
Si vous êtes un peu mélomane, sans doute l'harmonie et la finesse de la mélodie, la divine diversité des tons, des sonorités et des rythmes, vous transportent au-delà de la réalité de ce que vous pouvez percevoir.

C'est « la magie » de la musique. Sans doute l'art le plus spirituel, car « il ne se regarde pas » et l'on peut difficilement mettre des mots sur ce que l'on perçoit.

Que se passe-t-il en fait ?
Vous n'êtes plus véritablement « présent ».
Vous êtes à la fois connecté à quelque chose d'indéfinissable et en même temps les émotions que vous ressentez ont pris le pouvoir et vous emmènent dans le passé (des souvenirs), ou vers le futur (des espoirs, des rêves) ou ailleurs (une autre vie, un autre « personnage »).
Vous avez – sans l'avoir décidé- donné un sens à ce qui n'a ni sens ni nom.

Vous allez réécouter maintenant ce morceau en restant connecté à vous-même. Choisissez de revenir à la pleine présence tout en écoutant le chef-d'œuvre musical.
Soyez pleinement présent à la fois à l'écoute et au lieu où vous vous trouvez en ce moment même.
Observez les émotions, les sensations que vous ressentez. Vous êtes ce qui les voit, mais qui ne s'y accroche pas.
Devenez « observateur » de votre état d'écoute.
Restez légèrement en retrait, sans pour autant vous retirer ou vous couper.

Alors, peut-être vous n'êtes plus bercé ni emporté. Vous voyagez et la musique vous accompagne.
La musique devient votre compagnon de vol, vous n'en êtes plus le passager. Vous ne vibrez pas au rythme de la musique, mais vous vibrez avec elle, à un même rythme. Les ondes énergétiques se mettent en phase. Celles de la musique, celles du paysage, celles qui se manifestent au travers de l'être que vous êtes.

Vous êtes là, et vous ressentez votre corps qui vibre. Vous ne partez pas dans les émotions, les souvenirs ou les rêves.
Juste la musique avec ce qui est.
Et « ce qui est » est dans la musique aussi.
L'intensité naturelle du moment est décuplée.

C'est peut-être moins « extatique », mais c'est plus profond et puissant. Vous percevez que « tout est tout », en pleine conscience.
Une lucidité totale, au-delà du mental, vous gagne.

Et, lorsque la musique s'arrête, il n'y a pas de manque, de regret, ou de besoin. Car l'écoute n'est plus là pour créer un plaisir, une émotion... Pour revivre ou pour rêver. Elle met en musique ce qui est déjà là, en vous : la Joie, l'Amour, la Paix... ce qui est et qui n'a pas de nom.

LES PENSÉES

Un jour, c'était la fin de l'été, je partais vadrouiller dans les Gorges du Verdon avec mes enfants.
Il y a une petite route qui longe le canyon, avec de nombreux emplacements pour faire une halte et accéder à des belvédères, desquels on a une vue à couper le souffle. À couper le souffle et à couper le mental.
C'est si impressionnant et si étonnant que soudain, on ne pense plus. On est saisi. On est « dedans ». Il n'y a rien à dire. On ressent alors une forme d'extase béate. Pas de surexcitation. Une plénitude totale et joyeuse.
Et c'est cela qui est le plus beau : cette paix, cette communion, cette certitude.
On en reste bouche bée.
Et pourtant. Qu'entendis-je provenir de la bouche de voisins qui venaient d'arriver à côté de nous sur la balustrade ?
— C'était plus beau de l'autre belvédère.
— Oh, je ne trouve pas. Ici, il y a plus de contraste.
— Non, là-bas, c'est plus impressionnant.
— Oui, mais ici, on a une vue sur les plateaux verdoyants en arrière-plan.
— Oh toi... avec ta verdure !
Voilà comment on sort du moment présent.

Voilà comment on en arrive à se disputer jusqu'à se séparer.
On se sent d'abord obligé de commenter. On va se situer par rapport au sujet. On se sépare de la nature, en la jugeant plutôt qu'en l'appréciant telle qu'elle est, en ne restant pas dans ce sentiment de communion qu'on a ressenti à l'insu du mental. Et ensuite, on se sépare, parce que « l'autre » ne pense pas – ou n'apprécie pas – comme « nous ».
Ce ne serait pas un problème si ces pensées, ces mots, ces opinions, ces croyances ne produisaient tant de souffrances.

*

Nous l'avons vu, le cerveau s'est développé pour dire « oui » ou « non ». « Est-ce bon ou n'est-ce pas bon ? »... (Pour la survie de « mon » corps. Ce corps auquel je suis identifié inconsciemment.)
Mais chez l'humain, ce réflexe automatique va envahir l'esprit et s'imposer à nous dans toutes les circonstances de la vie. On va dire « oui, mais... » ou « non » pour tout.
Parce que l'humain ne sait pas tenir en place.
Parce qu'il croit ne plus être à sa place.
Et il veut sans cesse une autre place.
Ou celle d'un autre.

Les pensées disent :

« Bien / Pas bien »
« Mieux / Moins bien »
« Comme moi / Pas comme moi »
« Futur/Passé »
C'est :
- le jugement ;
- la comparaison ;
- l'identification ;
- la séparation.

Si on laisse les pensées livrées à elles-mêmes, sans pilote, alors on est automatiquement dans la logique binaire du cerveau qui s'applique à tout et n'importe quoi.
Comment être en paix si on passe son temps à commenter ce que l'on vit ou à anticiper sur ce qui va se passer ?
Comment être en paix si on subit le flot incessant des pensées qui provoquent insatisfaction, inconfort ou surexcitation ?
C'est pourtant exactement l'objet et la forme des pensées de la très grande majorité des gens.

Les pensées, chez l'humain, sont le plus un puits sans fond ; elles veulent expliquer alors qu'il n'y a rien à expliquer. Elles cherchent une réponse par la logique ou les croyances, alors que la réponse est hors de la logique. Cette réponse est hors de la dualité qui caractérise ce monde physique dans lequel nous évoluons. Et avec le mental humain, cette dualité crée la séparation, par le biais du jugement qui en est son chef d'orchestre ; elle crée le « supérieur » et « l'inférieur », « la victime » et « le coupable » ; elle crée la peur et les souffrances égotiques. Souffrances qui vont d'un petit mal-être jusqu'à l'envie « d'en finir », en passant par l'inquiétude, les regrets, la honte, la culpabilité, la jalousie, l'insatisfaction, la haine, la rage ou le désespoir.

Plus on a « un avis » sur les choses et sur la vie, plus on va penser, et plus on va laisser passer la vie. Et à l'inverse, plus on laisse les pensées s'exprimer à leur guise, plus on aura un avis (positif ou négatif) sur tout et n'importe quoi.
Plus on veut être « quelqu'un d'autre », moins on aime ce que l'on vit, et plus on va penser, car les pensées surviendront sans cesse pour dire « ce n'est pas bon. « Ce n'est pas ça ». « Ça ne va pas ». « Ce n'est pas assez ». « C'est trop ».
« N'oublie pas que ». « Tu aurais dû » ...
Sans cesse.

Plus on pense et moins on est en paix.

*

On parle aujourd'hui de plus en plus de consommation consciente (ou responsable).
Celles et ceux qui sont dans cette démarche ont développé le réflexe suivant : celui de se demander comment, où et par qui a été conçu le produit ou l'aliment qu'ils envisagent

d'acheter. Le meilleur moyen de le savoir étant de le concevoir ou le produire soi-même.
La très grande majorité des gens voient un prix alléchant sur un produit qu'ils affectionnent, et cela déclenche un besoin d'achat automatique.
Mais de plus en plus nombreux sont ceux qui ne sont pas réactifs, mais actifs. Ils prennent en considération leur corps, la nature, et cela devient même pour certains ce qui guide leur vie.

Il y a en revanche moins de gens qui ont le réflexe de se poser les questions suivantes :
« D'où provient cette pensée qui vient à moi ? »
« Suis-je responsable envers moi-même lorsque je prends pour argent comptant cette pensée ? »

De la consommation consciente aux pensées conscientes.

*

Je reviens maintenant à cet exercice que je vous ai proposé de faire, au sujet du fruit. Je vous avais suggéré d'accéder à ce qui est derrière le fruit, derrière l'objet du plaisir, derrière le plaisir lui-même.
Peut-être avez-vous « vu » et ressenti.

Mais que se passe-t-il le plus souvent après cet instant ?
Les pensées reviennent.
Le mental s'en mêle.
« Oh que c'est bon ça ! »
« J'en veux encore. »
« C'est meilleur qu'un gâteau. »
« Ça me rappelle ça. »
On se coupe. On a quitté le moment présent. On regrette ou on espère déjà.
Alors que si on reste dans le moment présent, on garde en permanence ce goût paisible d'absolu que tous les événements de la vie ne sauraient altérer.
Le plaisir, en quelque sorte, s'ajoute à cette paix et cette joie profonde. Pourtant, le plaisir n'est pas cette paix ni cette joie profonde.
Le plaisir dépend des circonstances.
Le moment présent, non.
Quand on y est, on ne pense plus qu'on est en paix. On est en Paix.

Comment voir ses pensées ?

Si on veut reprendre le contrôle « sur les pensées », alors qu'on les a si longtemps laissé décider à notre place, il faudra un « déclic » : une prise de conscience.
Il y a de nombreuses méthodes. Des outils, des pratiques qui peuvent faciliter la démarche. Vous les connaissez sans doute. Vous en avez

entendu parler. Vous avez essayé. Peut-être ce déclic s'est-il déjà produit.
Il n'y a pas UNE méthode imparable, pas UN outil miracle. Il n'y a que VOUS.
En revanche, quelques ingrédients comme ceux-ci sont essentiels : du courage, de la curiosité, et de l'humilité.
Et il faudra surtout trois états incontournables : l'ouverture d'esprit, la confiance et la solitude.
L'ouverture d'esprit, c'est simplement ne pas avoir d'a priori, c'est être prêt à tout vivre de l'expérience. Et surtout ne pas avoir d'attente. Juste faire et être.
La confiance, c'est aussi un peu ce qu'on appelle « la foi », terme lui aussi galvaudé ou détourné. La foi, c'est tout le contraire d'une croyance. C'est être prêt – pour reprendre la formule du poète Francis Ponge – à faire ce « pas de plus pour se perdre, afin de se retrouver ». Quand on se croit perdu, c'est là qu'on peut reconnaître l'essentiel.
La solitude, ce n'est pas être « seul », sans personne autour de soi. Ce n'est pas cela. Mais pour « y aller », et pour « y accéder », on est « seul avec soi-même ». « Sans peur et sans reproche ».

Lorsqu'on est « hors des pensées », ce n'est pas forcément qu'il n'y a plus de pensées. L'état « hors de toute pensée » ne dure pas très longtemps à l'état éveillé. C'est d'abord qu'on

voit les pensées. Ensuite, éventuellement, elles disparaissent.
Certains êtres spéciaux témoi-gnent qu'ils sont capables de tenir cet état sur une très longue période. Mais ce n'est pas cela qu'il faut viser. Ce n'est pas cela l'objectif. D'ailleurs, il n'y a pas d'objectif.

Découvrir et reconnaître « l'observateur des pensées » que « nous sommes » véritablement est une étape décisive sur le chemin de la conscience, pour tous ceux qui sont restés trop longtemps identifiés à leurs pensées, au mental.
Il s'agit bien de cela : devenir l'observateur.
L'observateur de son corps, puis de ses pensées.
Si on reconnaît l'observateur, on peut aussi observer les émotions. Si on reconnaît « ce qui est » derrière le corps et les pensées, on ne s'identifie plus au corps et à ses pensées, à ses croyances... au(x) personnage(s) qu'on croyait être jusqu'alors (y compris « le personnage idéal »).
L'observateur n'a pas d'identité, il n'a pas de nom ni de forme. Il est toujours « le même ».
L'observateur est le même pour tout être de la nature.
L'observateur est ce qui est.

MÉDITER

Il y a en français, dans le mot « méditation », un malentendu originel qui, sans doute, perd un grand nombre de celles et ceux qui souhaiteraient s'y adonner ou même qui la pratiquent.
Parce que dans « méditation », il y a « méditer ». Et « méditer » signifie également réfléchir, chercher (à comprendre) ... penser.
Or, il s'agit de tout sauf de cela.

Il y a aussi cette image du méditant, isolé des autres, « dans son monde », qui peut « laisser à penser » que « méditer », c'est se retirer et se couper.
Il ne devrait pas en être ainsi.

Le véritable objectif de la méditation est la reconnexion à la source.
Méditer, c'est donc avant tout se reconnecter à soi, à l'Être, à ce qui est.
C'est, en présence, prendre un moment pour retrouver le moment présent

Et cela passe d'abord par le détachement. Pas du « monde », simplement du mental et des pensées.

Il s'agit de revenir à l'essentiel.
Quand on médite de façon authentique, on accède à cet espace de paix qui n'est pas vraiment un espace, mais plutôt un état. On le reconnaît et il a toujours la même saveur. Et on ne se lasse jamais de son goût parce qu'on sait que c'est « ça ». Parce que, lorsqu'on y est, on sait qu'il n'y a véritablement rien d'autre. Alors, tout le reste n'a pas vraiment d'importance. Alors, rien n'est vraiment « grave ».

*

Méditer, c'est s'asseoir quelques minutes lorsqu'une situation a déclenché, d'une façon soudaine, un afflux de pensées, d'inquiétude ou d'excitation forcément liées à des croyances dont on ne serait pas encore totalement libéré. Il faut alors quitter ce personnage qu'on avait peut-être oublié, mais auquel on est resté encore identifié, qui n'attendait qu'une occasion pour refaire surface, et qui s'est senti attaqué ou qui s'est excité pour « pas grand-chose ».

*

On devrait « méditer » chaque matin au réveil : ne pas partir automatiquement dans les pensées telles que « Ah aujourd'hui, je dois

faire ça... » ou « J'espère que ça (ne) va (pas) arriver ».
On devrait « méditer » chaque soir en se couchant : ainsi, on ne laisse pas les pensées envahir l'esprit. Ces pensées sont le plus souvent des regrets du jour ou d'hier, des inquiétudes ou des attentes pour demain. Et au bout de quelques jours, on risquerait de se (re) perdre à nouveau. Alors, les émotions reprendraient le pouvoir.
Se recentrer. Allongé sur le dos, les jambes déployées, un léger sourire aux lèvres. Respirer profondément plusieurs fois et vouloir accéder à « ce qui est » derrière les pensées.
Chaque jour.
Pour que la méditation devienne « présence », cela requiert une pratique quotidienne. Et il faut que cette pratique permette d'accéder à la Paix, et de la reconnaître.
Plus on pratique, plus on reconnaît la nature et l'essence de la Paix qui n'est rien d'autre que la conscience pure : « ce qui est ». Plus on pratique ainsi, et plus l'accès à cet état devient rapide, jusqu'à en devenir instantané et parfois, permanent.

*

Méditer, c'est être dans ce qui est, et cela devrait également constituer l'état dans lequel on est... quand on agit.
Lorsqu'on prépare un repas,

Lorsqu'on mange,
Lorsqu'on marche,
Lorsqu'on écoute de la musique.
Lorsqu'on est dans ce qu'on fait, on médite aussi en quelque sorte.

Méditer contribue donc à être et vivre présent et permet de revenir pleinement au moment présent si on s'est laissé aller à le quitter.
Lorsqu'on est présent, même dans l'action, même au cours d'une discussion, il y a cette conscience connectée à « ce qui est », derrière les gestes et les paroles. Simplement, ce n'est pas une méditation formelle. Dans ces conditions, l'intensité de la connexion est peut-être moins « palpable » qu'à l'occasion d'une méditation « rituelle ».

Une pratique formelle et occasionnelle (même rythmée) de la méditation contribue à créer des plages de repos pour l'esprit, mais « le risque » est que ces moments choisis ne soient que des « épisodes » dans une vie par ailleurs occupée et dominée par les pensées (automatiques, donc inconscientes). C'est « un bon début », mais il faut aller plus loin...
La pratique, et la découverte en groupe, de la méditation est un « moyen » de voir, de découvrir et éventuellement de reconnaître. Le risque est de lier un cadre (la salle de méditation), un environnement social (avec

d'autres « personnes »), une situation (le silence) ... à la paix de l'esprit.

Le corps a besoin d'exercice et de repos. Il faut sortir de chez soi pour marcher ou faire du sport.
L'esprit, lui, n'a pas besoin d'un corps qui serait dans une certaine situation, dans un certain lieu, à proximité d'autres corps, pour être libre et en paix.
Sinon, cette paix dépend de circonstances. Elle devient conditionnelle. Le fait qu'elle soit conditionnelle devient une croyance, car le cerveau aura enregistré que « C'est ainsi, c'est comme ça, et avec untel ou unetelle, que je peux accéder à la paix ». Et il exclura toutes les autres circonstances.

MÉDITATION DE LA PRÉSENCE : LE POINT NOIR

Vous pouvez maintenant réaliser l'expérience qui suit ou bien poursuivre la lecture et revenir à cette « expérience » quand vous sentirez que vous êtes prêt.
Il est important de choisir un moment où vous êtes déjà calme, si c'est la première fois que vous le faites « vraiment ».

C'est très simple. Il n'y a rien à retenir.
Il n'y a pas d'obligation ou de performance à réaliser.
Il faut juste vouloir « le vivre ». Pleinement. Entièrement. Totalement.
Vous pouvez soit lire le texte qui suit et faire l'exercice au fur et à mesure, à votre rythme, soit lire le texte et faire l'expérience ensuite, en ayant retenu les étapes clés de celui-ci.

Il ne s'agit pas d'une méditation guidée.
Parce que le rythme doit être le vôtre.
Il est essentiel d'aller à votre rythme.
Certaines étapes iront vite et d'autres prendront peut-être un peu plus de temps.
Si vous suivez un rythme, vous n'êtes pas à « votre » rythme : celui que vous décidez

d'impulser, celui de votre nature, celui du moment.
C'est vous qui décidez quand ralentir le rythme de la respiration. C'est vous qui décidez quand regarder le point noir.
C'est vous qui verrez les pensées.

* * * *

D'abord, installez-vous, assis, le dos bien droit, les pieds bien à plat au contact du sol.
Vous pouvez aussi faire cet exercice allongé, les jambes non pliées, mais souples et surtout pas croisées. Vous pouvez aussi poser une main au centre du torse sous la poitrine, et l'autre main entre le nombril et le bas-ventre.
Comme vous le sentez.

Respirez intensément, mais pas trop fort non plus, durant une, deux, trois... cinq minutes, jusqu'à ce que vous soyez focalisé sur la respiration.
Simplement ressentir la respiration.

Respirez ensuite plus normalement tout en continuant de faire de bonnes inspirations et expirations. Restez concentré sur la respiration.

Voyez ce corps qui respire et qui se meut, le torse et le ventre qui se gonflent d'air.
Ressentez cet air rafraîchissant, ce souffle de la vie, qui entre en vous et vivifie toutes les cellules de votre corps.
Ne commentez pas ce que vous ressentez et ce que vous voyez. Vivez-le.

Ne pensez pas à respirer.
Respirez.
Devenez la respiration.
Vous êtes dans ce corps et vous n'êtes pas vraiment ce corps. Pourtant, vous le percevez intensément.

Continuez à respirer.
Si les pensées s'installent et reprennent le pouvoir, inspirez et expirez plus intensément.
La respiration doit être « plus forte » que les pensées.

Vous ressentirez peut-être cette énergie qui émane du corps et semble maintenant dépasser le corps.
Prenez-en conscience sans chercher à le « comprendre ».

Vous êtes alors l'observateur de ce corps magique qui vous accueille et que vous habitez.

Ne recherchez pas de « résultat ».

Poursuivez simplement l'expérience, sans aucune attente ; restez attentif à tout ce que vous percevez. Pleinement présent.

Maintenant, continuez à « respirer », à un rythme plus doux.

Focalisez-vous sur un point noir. Les yeux fermés.

Si vous êtes dans le noir ou la pénombre, ce point noir sera sur un fond noir ou très foncé.
Essayez de ne « penser » qu'à « cela ».
Concentrez-vous sur ce point noir.
En fait vous ne le voyez pas vraiment. D'ailleurs, ne cherchez pas à le voir.
Concentrez-vous dessus, c'est tout.

Des pensées vont automatiquement survenir à nouveau et tenter de « prendre la place » du point noir.
Elles arriveront de partout, de la droite de la gauche, du centre...
C'est normal.

Continuez à respirer et restez concentré.

Revenez invariablement sur le point noir. Sans obstination, sans précipitation, sans compétition, sans objectif...
Juste y revenir et y être, doucement, mais résolument.

Ne suivez pas les pensées, ne rentrez pas dans le scénario que vous propose le mental. C'est ainsi qu'il fonctionne, il tourne en boucle, il vous passe des sujets de pensée en permanence. C'est ainsi, mais vous n'êtes pas obligé de le suivre. C'est un peu comme à l'occasion d'un banquet où l'on passerait son temps à vous proposer de nouveaux mets et de nouveaux breuvages tous plus appétissants et « irrésistibles » les uns que les autres.
Souriez. Laissez passer le plat. « Non merci ». « Je suis bien comme cela ».

Voyez ces pensées.
La force de la volonté associée à l'humilité et la sérénité vous permettent de ne pas suivre les pensées. Ou alors si vous les avez un peu suivies, de revenir au point noir.

Et ensuite, il n'y aura peut-être plus de point noir. La concentration est devenue conscience. Restez-y.

Ne serait-ce que 2 ou 3 secondes suffiront à vous faire entr'apercevoir de « quoi » il s'agit.

*

Vous avez peut-être vu vos pensées ?

Alors : « qui » ou « quoi » voit les pensées ? « Qui » ou « quoi » décide de ne plus suivre les pensées ?

Ne répondez pas.
Ressentez, percevez.

Ne cherchez pas à comprendre.
Encore moins à y mettre des mots.

Reconnaissez ce « je ne sais quoi ».
Doux et puissant. Hors du temps. Hors de la matière. Sans cause et sans conséquence. Hors de toute explication. Il est là, il a toujours été là, il sera toujours là. « Ce qui est ».
Si vous l'avez reconnu, alors vous savez.

Si vous le percevez et que vous ne le reconnaissez pas, ce n'est pas grave. « Rien n'est grave ». Reconnaître survient quand on est prêt. Retenez « le bon » de cette expérience. Appréciez tout de ce moment et reconnaissez les prises de conscience auxquelles vous avez accédé.
Revenez-y aussi souvent que vous en ressentez le besoin.
Restez-y, quelles que soient les circonstances.

LES CROYANCES

Chez l'animal, des millions d'années de vécu ont enregistré dans le disque dur du cerveau et dans les cellules du corps un savoir inné qui permet de survivre et de préserver l'espèce.
Et puis, chaque animal « apprend » de ses propres expériences au cours de sa vie. Il en fait un savoir pratique, le plus souvent en observant ses aînés.
C'est la confiance du lièvre qui considère qu'il est capable de construire un terrier, qui sait où il faut le creuser et qu'il y sera en sécurité. C'est la confiance de la fourmi qui sait emporter une brindille avec elle et sait où la rapporter : vers sa fourmilière.
Ce savoir n'est pas une « garantie » tout-risque. Parfois, le lièvre se fait « prendre » par le renard.

Et le cerveau est capable d'apprendre rapidement de nouvelles règles.
L'animal peut s'adapter assez rapidement à de nouvelles situations. Mais si ces dernières ne correspondent plus, soudain et de façon irrémédiable, aux besoins de son corps et à ses compétences physiques ou comportementales, il peut dépérir. Son corps meurt.

Aujourd'hui, nombre d'espèces animales disparaissent, parce qu'une « espèce invasive », vorace et insatiable a pris le pouvoir sur la planète en très peu de temps. Trop peu de temps, en tout cas, pour qu'elles aient eu le temps de s'adapter.

Pour mesurer la capacité d'adaptation du cerveau, mais aussi observer comment il fonctionne, il suffit de voir la façon dont on peut « dresser » certains animaux.
Notez d'ailleurs que plus ils sont intelligents, plus vite et « plus loin » on peut les dresser !
Les labradors, les bergers allemands, les caniches sont parmi les chiens les plus intelligents, selon les critères humains, c'est-à-dire qu'ils apprennent vite et obéissent bien.
Ce sont aussi ceux qu'on utilise pour assister les malvoyants, trouver de la drogue (grâce, bien sûr, à leur odorat), et faire le spectacle au cirque (ce qui devrait bientôt cesser, heureusement).
Comment sont-ils dressés ? Par le système de la récompense : « Si tu fais ça et si tu le fais ainsi, tu auras ta croquette ».
C'est ainsi que fonctionne le cerveau : si une action, ou une façon de faire, permet d'assurer la survie (se nourrir étant la condition première à la survie), alors, cela revient à cocher : « bon ou bien ». Le cerveau comprend que « dans telle circonstance, c'est cela qu'il faut faire ».

Le cerveau humain marche exactement de la même façon.
Le cerveau ne crée rien. Au mieux, il imite et il interprète. Le plus souvent, il enregistre et il propose une réponse pré-enregistrée.

Le mental nous fait croire que d'une façon ou d'une autre, c'est le cerveau qui est la source de toute création. Mettez-vous à sa place : comment pourrait-il expliquer les choses autrement ?

*

Le bébé animal apprend « la vie » dans la nature (sauf quand il est en captivité, dressé ou élevé pour un objectif spécifique par « vous savez qui »).

L'humain apprend la vie, « aussi », au travers des mots plus ou moins inquiets ou inquiétants qu'il entend, et d'histoires plus ou moins merveilleuses qu'on lui raconte…
Certes, il y aussi l'inné, et ce qu'il va apprendre par et avec son corps.
Mais de plus en plus, il y a des règles automatiques qui s'inscrivent dans son cerveau et qui proviennent de :
- règles « dans la vie » : « Plus tu possèdes, et plus tu es en sécurité et tu as de la valeur. »,
- règles morales : « Ça ne se pense pas. » ou « Tu dois penser ça. »,

- règles esthétiques ou culturelles : « C'est comme ça qu'il faut s'habiller ici aujourd'hui. »
- règles religieuses : « C'est cela que tu dois croire. »
- règles de vie en société : « Il ne faut pas parler de ça. »,

Ce sont des règles liées à un système de récompense qui n'est plus lié à la survie, mais à ce qu'on attend de lui : « Tu auras un jouet si tu fais tes devoirs. ».

Et puis, nous vivons dans un monde matérialiste et individualiste, ultra-organisé, qui valorise le désir, la technique, « la réussite », et le progrès, ce qui nous éloigne de plus en plus de la nature et de notre nature authentique.

Il y a aussi de plus en plus d'expériences de la souffrance, transmises automatiquement aux enfants, sans qu'ils ne s'en rendent compte, qui les « portent » et qu'ils porteront à leur tour. Devenus adultes, ils les transmettront à leurs enfants... s'ils ne rompent pas cette chaîne « fatale » en se déconnectant de « tout cela » (de tout ce qu'ils ont entendu, vu et intégré inconsciemment), et en se connectant en même temps à « ce qui est », là où se meut la Nature.

Le piège, pour l'humain, c'est qu'il croit que c'est grâce à son cerveau qu'il « s'en sortira », c'est par le cerveau et la réflexion qu'il trouvera les solutions à son « malheur ».
Mais c'est justement cette confiance aveugle dans l'intellect qui crée la souffrance.
Certes, l'intelligence peut parfois nous sortir de certaines situations. Mais si on accorde TOUS les pouvoirs à l'intelligence, alors on ira de problèmes en problèmes. Certains seront résolus, mais il y aura toujours de nouveaux problèmes à résoudre.
On vit dans les problèmes, parce qu'on croit qu'il y a des problèmes.
Pourquoi ? Parce que la fonction du cerveau est de régler les problèmes et qu'on s'est identifié au cerveau, donc on s'identifie aux problèmes.

Sommes-nous des robots qui obéissent systématiquement à nos croyances ?
Nous le sommes seulement si nous obéissons.
Mais si on se libère de ce fonctionnement, si on court-circuite ces mécanismes automatiques et si on remet en question toutes nos croyances en étant présent, donc connecté à l'être, alors on va pouvoir créer une autre façon de fonctionner.
Les croyances céderont la place au savoir, au doute ou à l'acceptation.
Il y aura toujours les règles de la nature qui « s'imposeront » au corps (le progrès nous promet de pouvoir un jour y échapper, mais

c'est une illusion, une fausse promesse et un non-sens). Mais l'esprit, lui, sera libéré. On peut alors vivre « tout ça » sereinement et en apprécier tout ce qu'il y a à apprécier.
Chaque fois qu'il y a un désir, demandez-vous d'où il provient. Chaque fois qu'il y a une émotion, demandez-vous ce qui l'a provoquée. Recherchez les croyances derrière les désirs, les besoins et les émotions. Identifiez-les.
Et si vous ne parvenez pas à voir précisément la croyance, ce n'est pas grave.
Laisser filer le désir, laisser filer l'émotion, vous les avez vus, c'est déjà bien. Et si vous les avez vus, vous pouvez aussi les reconnaître, et alors, ils n'ont plus le pouvoir inconscient et parfois nuisible qu'ils avaient sur vous.

Y a-t-il des croyances positives et des croyances négatives ?

Si on rentre dans cette question et la logique qu'elle sous-tend, alors on est dans la dualité, dans « le bien et le mal », le « vrai et le faux ».
Une croyance est une croyance.
Comme un savoir est un savoir.
Et un choix est un choix.
Croire qu'il y a des « croyances positives », c'est jouer le jeu des croyances.
Croire qu'il y a des « croyances positives » et des « croyances négatives » autorise à

s'imposer des pensées telles que « Ça, c'est vrai » et donc « Ça, c'est faux ». Et vice versa. On reste dans le piège, parce qu'il y aura toujours un argument pour soutenir l'une ou l'autre des options. Ce n'est pas forcément « l'un ou l'autre ». Ce n'est pas « noir ou blanc », même s'il y a ce besoin, devenu parfois irrépréssible de voir les choses ainsi. Regardez en politique comme chacun est capable de soutenir l'exact contraire de son adversaire. À la fin d'un « duel » télévisé, chacun est pourtant certain d'avoir raison et d'avoir été « convaincant ».
Il faut sortir de ce jeu ambigu et pervers dont on ressort forcément perdant au travers de la souffrance qu'il engendre.
Une croyance est une croyance.

Quand est-ce que « cela » devient une croyance et plus un savoir ?

On ne peut pas répondre précisément à cette question. Il n'y a pas de liste. On est connecté à ce qui est, ou on ne l'est pas. On est dans le moment présent, ou non.

Voici quelques indices et repères :
Quand on fait un choix, sans en faire une vérité, on est dans l'action, « l'agir » libre de toute croyance. Et alors, si une situation similaire se présente, et si le choix précédent n'a pas été

bénéfique (sans jugement de valeur), on pourra plus facilement passer à « autre chose ».

C'est une croyance si on se dit : « C'est comme ça que ça doit être. ».
D'ailleurs, « qui » affirme : « C'est comme ça que ça doit être » ?
Derrière cette phrase, il y a une obligation, un impératif. Comme une sanction.

Qui exécute et qui souffrira ?
Le corps.

*

Si vous lisez ceci, c'est sans doute que vous vous êtes déjà libéré de certains de ces fonctionnements automatiques. Vous l'avez fait instinctivement ou par l'apprentissage, en renonçant à certains réflexes hérités de votre expérience « passive » de la vie.
Vous l'avez fait en renonçant à certaines de vos croyances.
Continuez.
Reconnaissez que la paix de l'esprit et le bien-être du corps surviennent quand on « s'écoute » et qu'on n'écoute plus certaines injonctions du mental.
En confiance.
Cette confiance en ce qu'il y a de plus vrai en vous.

LE PREMIER ET LE DERNIER DES TABOUS

On dit que lorsqu'on est invité à un cocktail, les trois sujets tabous sont : le sexe, la religion et la politique. Car ce sont des sujets qui créent la compétition, la honte et la séparation.
Les gens ont le plus souvent peur que ces sujets de conversation soient abordés. Ils pourraient se sentir attaqués dans leurs croyances les plus intimes et dans ce qu'ils considèrent comme la substance même de leur identité (sociale).

Il y a un autre sujet à éviter et « on en parle » encore moins: c'est celui-ci : « l'égo ».
Notez la réaction des gens quand on prononce ce mot. Un système de défense automatique se met en place, le visage se crispe. Blackout. « Circulez, y'a rien à dire ! ».
Comme l'aurait dit l'humoriste Pierre Desproges, qui n'avait pas peur d'aborder les sujets sensibles : « Étonnant, non ? ».

*

Qu'est-ce qu'un tabou ?
Selon le Larousse, c'est *un interdit de caractère religieux, moral ou social* (ce qui est un peu la

même chose). *Lorsqu'il est utilisé en tant qu'adjectif, il qualifie ce à quoi on ne doit pas toucher, ce qu'on ne doit pas critiquer, et même ce dont on ne doit même pas parler.*
Vous avez bien lu : « Et même, ce dont on ne doit pas parler ». En quelque sorte, on parle là des limites de la liberté d'expression, qu'on s'applique à soi-même.
Et autant on évite de parler « en société » de sexe, de religion ou de politique, autant on s'interdit, concernant à l'égo, ne serait-ce qu'à y « penser ».

Les animaux ont-ils des tabous ?
Non, parce que pour eux, il n'y a pas de « bien ou de mal ».
Par exemple, les relations sexuelles entre membres d'une même famille sont naturellement et instinctivement proscrites au travers, par exemple, de l'éloignement des jeunes devenus pubères de leurs parents. Ce n'est pas véritablement un tabou, c'est la nature qui s'exprime. Parce que l'instinct de survie de l'espèce a mis en place des inhibitions et des systèmes d'évitements pour se préserver de la consanguinité. Cela s'est mis en place parce que la nature a très rapidement pris en compte le fait que l'espèce se maintient en vie et se développe en « croisant ses compétences ». Elle a noté que la consanguinité affaiblissait la race et elle l'a

donc « interdite » au travers d'un blocage naturel instinctif.
Ce n'est pas un interdit moral, c'est la nature qui impose « sa loi » c'est-à-dire sa nature.
Ce n'est pas un tabou comme l'entendent les humains.
Les animaux ne s'identifient pas à une opinion, un statut, un mode de vie...
Ils vivent et écoutent leur corps. Ils vivent sans juger et sans se juger. Il y a juste la nature. Ils agissent selon les cycles naturels de la vie sans se demander si c'est bien ou si c'est mal, sans se demander ce que pense « l'autre » de ce qu'ils ont fait.

Les tabous sont le propre de l'humain.

... comme « le rire est le propre de l'Homme ».
Rire qui est d'ailleurs sans doute un moyen qu'a trouvé l'humain pour contourner les tabous. Sans le rire, on deviendrait « fou ».

*

Revenons aux choses « sérieuses » sans non plus les prendre trop au sérieux ou se prendre au sérieux...

Les gens parlent de souffrance, de choses à améliorer, de dictatures, de malheurs, de guerres, de terribles injustices...

Mais c'est presque toujours du fait de « l'autre ». Et en général, l'autre renvoie la politesse : « C'est à cause d'eux ! », « On a gagné, vous avez perdu ! », « Tu ne perds rien pour attendre toi », « On fait une revanche ? » Même dans le domaine spirituel, il y aurait ceux qui ont compris et « ceux » qui ne comprennent rien, « ceux » qui ne sauraient pas. « Moi qui crois savoir. Mon groupe qui lui, connaît la vérité ». « Les autres ».

L'humain a cette particularité de souffrir autrement qu'à l'occasion d'un danger réel, d'une maladie, d'une blessure... Il culpabilise parfois à en mourir, il pleure de rage, il désespère parfois à en crever, il rumine, il peut devenir fou, il se suicide... Il lutte et il a peur.

Qu'y a-t-il chez lui de particulier qui le mette dans un tel état ?
On parle des émotions, on parle de traumatismes, d'histoires familiales, de trahison et de mensonges...
Mais si l'homme est si intelligent... Depuis le temps, il devrait être heureux n'est-ce pas. Il devrait avoir trouvé LA solution, non ?
Parce qu'être soulagé, c'est bien. C'est un bon début. Mais quand est-ce qu'on s'attaque à la source de la souffrance ? Autrement qu'en cherchant des échappatoires ou en cherchant des coupables, en attaquant... parce qu'alors,

on reste dans le couple infernal de la « victime » et du « coupable ».

Vous le savez au fond...
La solution est en nous...
Certes.
Mais le problème aussi.
Parce que, plus ça va, et plus ça continue.

Qu'est-ce qui fait qu'on reste souvent dans ce cycle « victime/coupable », que l'on continue à avoir peur, à ressentir les regrets, la déception, l'insatisfaction, la tristesse ou la colère ?
« Qui ou quoi » est à l'origine de tout cela ?
Il faut chercher ce qui nous fait réagir si vivement.
On ne LE nomme pas.
On n'ose pas LE nommer ni LE voir véritablement. Ou alors chez les autres...
Pire, on ne veut même pas y penser.
Ce qui fait que le plus souvent on ne sait même pas que c'est lui qui est « aux commandes ».
Parce qu'on ne va pas à l'origine du « mal en soi ». Il n'y a pas de notion morale dans le mot « mal », tel qu'il employé ici, c'est simplement un synonyme de souffrance.
Parce qu'on en a peur et qu'on a peur d'avoir peur.
On ne va pas à l'origine de ce « mal », parce que c'est tabou.

C’est tabou parce que le plus souvent...
C’est nous !
Ou plutôt ce que nous croyons être.
Et ce que nous croyons être, c’est tout simplement « le personnage » que nous voulons incarner, que nous voulons être.
Cette image qu’on voudrait que les autres aient de nous.
Appelons-le par ce mot : l’égo.
Mais vous pouvez l’appeler comme vous voulez. Pour parler de lui, j’affectionne aussi ce petit nom qui veut tout dire de lui : « l’autre ».

Comment renoncer à ce que nous croyons ou voulons absolument être, sans ressentir une grande sensation de peur ?
Cette peur qui provient de l’instinct de survie qui indique « qu’on est » en danger.
C’est la peur de ne plus exister qui fait de l’égo un tabou.

L’égo est le plus grand des tabous.
C’est le tabou de tous les tabous.

*

Oh, on en parle de l’égo !
Mais notez comme le plus souvent, on parle de l’égo « des autres » : « il a un égo sur-dimensionné », « Il a un problème d’égo. ».

On détourne le problème, on se compare, et on se rassure. En fait, on rassure l'égo : « Ce sont les autres qui ont un problème. ».
Oui, on peut très bien constater que telle ou telle personne est « dans l'égo ». Mais le plus souvent, cette réflexion est faite pour juger et rassurer son propre égo. Ou alors à l'inverse, on va dire « mon égo a été blessé » quand on a été vexé. On continue à jouer le jeu de l'égo.

L'égo est juge et partie. C'est bien là le problème, s'il y en a un.
C'est lui qui dit ce qui est bien ou mal, alors, comme pourrait-il « se déjuger » ?

*

Tant que l'égo reste un sujet tabou, vous ne serez pas en paix avec vous-même.

Il ne faut pas lutter contre un tabou. Surtout celui de l'égo.
Il faut simplement le reconnaître comme un tabou. Quand c'est fait, le plus gros du travail est fait. On a pris du recul. On peut en parler. Ne serait-ce qu'à soi-même. Ce n'est alors déjà plus un tabou.
Le jour où l'égo n'est plus un sujet tabou, l'égo n'a plus « cette » emprise sur vous et les peurs et souffrances dont il est à l'origine s'évaporent.

LA GRÂCE

Dans l'introduction du magnifique film The Tree of Life, voilà ce que nous dit la narratrice :

Les sœurs nous ont appris qu'il y avait deux voies.
Celle de la nature, et celle de la grâce.
Tu devras choisir quelle voie suivre.

La grâce ne cherche pas son profit.
Accepte d'être ignorée, mal aimée,
Accepte insultes et blessures.

La nature ne cherche que son profit.
Impose sa volonté, aime à dominer pour agir à sa guise.
Trouve des raisons de souffrir alors que le monde rayonne alentour,
Et l'amour sourit en toute chose.

Selon les sœurs, la voie de la grâce ne conduit jamais au malheur.

C'est « beau ». Le mot « grâce » est intéressant, car il exprime aussi le Bonheur, la plénitude, l'Amour : ces états d'être qui ne sont qu'un seul et même état de conscience.

Mais le tabou est là.
Sous nos yeux. Et on ne le voit pas.

Ce tabou pervertit une prise de conscience, car il y a clairement eu prise de conscience pour écrire cela. Mais lorsqu'il s'agit de mettre des mots, de désigner les choses par un nom, lorsqu'il s'agit directement ou indirectement de l'égo, cela devient délicat.

Ici, on a évité l'égo.
Le mot « égo » et ce qu'il implique. Comme souvent, lorsqu'il s'agit de « lui ».
Car pourquoi opposer la « nature » à la grâce ?
La description de la nature est étonnante.
Non, la nature n'aime pas « dominer ». Elle domine si elle doit ou peut prendre sa place. Elle n'agit pas « à sa guise », elle suit l'élan vital. Il n'y a pas – dans la nature – de motivation à « agir à sa guise » en passant par la domination. La nature ne trouve pas non plus de « raisons de souffrir ». Elle « souffre » parfois, mais il n'y a pas d'intention de faire souffrir !
La nature rayonne. Et l'Amour s'exprime dans toute la nature. Même lorsqu'elle apparaît cruelle. Ce qui nous apparaît cruel dans la nature n'est souvent qu'une condition à la vie dans le monde manifesté.
En fait, ce que « les sœurs », appellent la nature, ce n'est rien d'autre que l'égo.

Réécrivons cela avec le terme juste, sans avoir peur de froisser la susceptibilité de l'égo, et voyons ce que cela donne :

Les sœurs nous ont appris qu'il y avait deux voies.
Celle de l'égo et celle de la grâce.
Tu devras choisir quelle voie suivre.

La grâce ne cherche pas son profit.
Accepte d'être ignorée, mal aimée,
Accepte insultes et blessures.

L'égo ne cherche que son profit.
Impose sa volonté, aime à dominer pour agir à sa guise.
Trouve des raisons de souffrir alors que le monde rayonne alentour,
Et l'amour sourit en toute chose.

Selon les sœurs, la voie de la grâce ne conduit jamais au malheur.

Que ressentez-vous ? Ne serait-ce pas un sentiment mêlé de « oui, c'est vrai » et de « zut, c'est vrai ». Le « zut, c'est vrai », c'est l'égo qui s'en mêle, il relativise, il est déçu. Il commence à remettre en question la première impression qui est souvent la bonne.

La nature est source d'inspiration : c'est un repère.
Lorsqu'on s'éloigne de la nature, c'est là qu'on est dans l'égo. Et qu'ainsi, en effet... on s'éloigne de la grâce.

L'ÉGO (LE PIÈGE)

> *« Comprendre la nature de l'égo et son mode de fonctionnement est d'une importance vitale si l'on souhaite se libérer des causes intérieures du mal-être et de la souffrance. L'idée de se dégager de l'emprise de l'égo peut nous laisser perplexes, sans doute parce que nous touchons à ce que nous croyons être notre identité fondamentale. »*
>
> Matthieu Ricard

« L'égo ».
Les gens se sentent donc le plus souvent mal à l'aise avec ce mot. Ce malaise devrait être le signal indiquant qu'il serait intéressant de creuser la question (pourquoi ce mot crée-t-il un malaise en moi ?), alors que le plus souvent, il provoque la fuite, le rejet ou le mutisme : « Changeons de sujet », « Ça ne m'intéresse pas », ou « Ce n'est pas moi, c'est les autres ». C'est normal. Nous avons vu pourquoi.

L'objet n'est pas de définir l'égo. On rentrerait dans un débat, et « ce » que j'appelle l'égo, adore les débats (pour mieux affirmer son point de vue, éventuellement s'opposer aux

autres, et ainsi se renforcer).
Il s'agit plutôt, comme le propose Matthieu Ricard, de montrer « ce » qui est à l'origine de la souffrance de l'Homme, et comment « il » fonctionne.
Il s'agit en fait de le découvrir. Afin de mieux le connaître, pour ensuite le reconnaître.

*

L'égo n'est pas « une chose ». Ce n'est pas une entité. Ce n'est pas vraiment « un ennemi ». Et bien sûr, c'est tout sauf « vous ».

L'égo est avant tout un fonctionnement.

C'est d'abord (être dans) le personnage qu'on croit être.
C'est aussi (être dans) le personnage qu'on voudrait être.

Le premier personnage est fait d'identification et de signification. Le second personnage est fait d'espoir et d'attente.
Le premier est statique, rigide et matériel. Le second est conceptuel, idéalisé et imaginaire.
Le premier est tourné vers le passé. Le second, vers le futur.
Avec ces deux personnages, on n'est jamais dans le présent. On n'est jamais dans « ce qui est » véritablement. Il y a forcément une dissonance qui est créée entre ces personnages.

La rigidité crée une dissonance qui crée la souffrance. Celle qui est générée par une réalité différente de celle à laquelle on reste attaché.
Et avoir un idéal, crée une autre dissonance qui crée aussi de la souffrance. Celle qui est provoquée par des événements ne correspondant pas aux conditions que cet idéal requiert.

Il y a une dissonance plus grande encore : celle entre ces personnages et notre véritable nature. C'est cette dissonance qui engendre la plus profonde des souffrances : celle qui est produite par le fait qu'on ne reconnaît pas et on ne vit pas ce qu'on est véritablement.
On lutte pour quelque chose qui n'existe pas (les personnages imaginaires). Cette lutte, c'est de la souffrance.

Mais ce n'est pas tout, nous verrons en effet qu'il y a trois « autres » personnages principaux qui constituent l'égo : « le juge, la victime et le coupable ».

L'égo, c'est l'identification aux personnages.

Et plus il y a de personnages, plus il y a de personnages à défendre. Plus il y aura donc de situations de la vie dans lesquelles on devra défendre le personnage. C'est-à-dire résister, contre-attaquer, fuir...

Pour simplifier, on peut dire que l'égo, ce sont « les personnages », mais en fait c'est de l'identification aux personnages qu'il s'agit.

Être en paix, c'est vivre en confiance. Dans la confiance.
Comment avoir confiance en un personnage qui a plusieurs facettes, qui change régulièrement d'opinion, de goût, d'âge, d'apparence, de préférence, de rêve ?
Pourquoi ne pas plutôt faire confiance à ce qui est au fond de soi, en soi, au-delà de tout qualificatif, au-delà de toute préférence, qui ne vous juge pas et qui est toujours bienveillant ?
Ce « ce qui est », toujours là, partout et en toutes circonstances, même si, dans son expression incarnée, il apparaît sous différentes formes.
Pourquoi, aussi, ne pas faire confiance à la nature, plutôt que de la considérer comme un moyen ou un obstacle ?

L'égo, ce sont aussi les croyances.

C'est le magma des croyances conceptuelles et désincarnées de l'humain. Ou plutôt : les croyances sont le programme de l'égo.

Il y a des savoirs techniques : « La lune tourne autour de la terre. », « Les fleurs ont besoin d'eau pour pousser. ».

Il y a des savoirs pratiques : « Je m'appelle Michel, je mesure 1m80, je suis de nationalité belge. ».
Ces savoirs font-ils partie de l'égo ?
Être conscient « qu'on est ceci ou cela » techniquement, et que ça marche « comme ceci ou comme cela », est-ce « l'égo » ? Pourquoi pas. On utilise les mots comme on le veut.

Toutefois, afin de faciliter une meilleure compréhension de ce message, je n'intègre pas ces savoirs dans le « concept » de l'égo. Surtout parce que l'égo (celui des croyances) pourrait en profiter pour dire : « Oh, mais ça, ce n'est pas une croyance, c'est la vérité ! ». Ou bien : « Si tu es ceci, alors tu es cela aussi... »
C'est un petit malin l'égo !

Voilà le genre de croyances que professe l'égo :
« Je crois que ma religion est la meilleure. »
« Je crois que ma race est la plus avancée. »
« Je crois que cela m'appartient. »
« Je crois que les garçons devraient se comporter ainsi. »
« Je crois que je ne suis pas assez belle pour lui ».
« Je crois qu'elle se moque de moi. »
« Je crois que c'est à cause de lui. »
« Je crois que c'est de ma faute. »
« Je crois que si j'obtiens une augmentation, la vie sera plus belle. »
Avec les croyances, il y aurait un idéal de vie.

Mais croire en un idéal nous fait vivre dans le passé ou dans le futur, entre regrets et attentes. Comment être heureux si on croit que le bonheur, « c'est ceci ou cela », et que, « si on n'a pas ceci ou cela, alors on ne peut pas être heureux » ?
Comment être véritablement heureux, si on croit qu'il faut être « riche », avoir une « bonne situation », pour être heureux ?
Ou si on croit que le bonheur serait de « vivre l'amour parfait à deux » ?
D'ailleurs, qu'est-ce qu'un « amour parfait » ? Quelles croyances se cachent derrière ces deux mots, lorsqu'ils sont ainsi associés ? On arrive à cette tentation de l'égo de rechercher la perfection dans une relation.
Certaines connexions sont certes uniques en leur genre et font sens sur le chemin de la vie et vers l'éveil, qu'elles soient vécues "positivement" ou "négativement". Et même si parfois ces connexions se concrétisent par une union aussi longue que la vie ici-bas peut l'être, il ne faut pas y chercher plus de sens que cela. Il ne faut pas croire que l'intensité de la connexion doit forcément aller de pair avec un certain type (formel) de relation. Car alors on rentre dans le monde "merveilleux" des attentes. Et on quitte l'Amour véritable. Et on tombe dans l'égo.

L'égo, c'est l'identification au mental.

C'est le mental qui est aux commandes, parce qu'on croit qu'il n'y a que lui qui existe. Parce qu'on s'est déconnecté de « soi » et de la nature. On croit qu'on est ses pensées.
Penser n'est pas le problème, c'est « être dans ses pensées » qui l'est. Penser n'est pas un problème si on est derrière ses pensées. S'il y a la présence derrière les pensées.
Quand on est « dans ses pensées », on est en mode automatique, et le corps n'est qu'une caisse de résonance de toutes les émotions que les croyances qu'on a faites siennes créeront, selon les situations rencontrées.

Et puisque le mental fonctionne selon les lois de l'instinct de survie,

L'égo, c'est aussi « l'instinct de survie perverti par le mental ».

« Le mental humain » : celui qui s'est déconnecté de la Nature. C'est un concept qui a pris les commandes sur le réel. Et ce concept crée de la souffrance là où il n'y a pas lieu d'en avoir. À chaque fois en fait qu'un personnage auquel on est identifié est attaqué par une situation, des mots, une absence, l'instinct de survie intervient, trompé par cette mystification.

L'égo étant nos croyances,

L'égo est aussi, en quelque sorte, un rêve.

Notre vie rêvée, ce qu'on rêve d'être, et ce qu'on rêve que les autres soient, et pensent de nous.
Ce rêve n'est pas réel bien sûr, comme tous les rêves.
Mais il révèle.
Et si on continue à s'accrocher à toutes nos croyances à notre sujet, au sujet des autres et de la vie, si on continue à croire « qu'on est ses pensées », alors on est dans une illusion.
On est décalé par rapport à ce qu'on est, et ce qui est. Ce décalage, on va le ressentir au plus profond de nous. Ressentez ce décalage, cette petite voix qui vous dit – depuis longtemps – ce n'est pas ça ! Vous le ressentez depuis longtemps, vous le percevez, vous l'entendez. Mais le plus souvent, on n'écoute pas cette voix. On écoute plutôt l'égo qui chante à tue-tête : « Ça, ça, c'est vraiment toi ! ».

On peut être « riche » ou plutôt, « avoir plus d'argent qu'il n'en faut » pour vivre. On peut apprécier un jour de beau temps. Mais ça devient un problème quand on conditionne le bien-être au fait d'être « riche », ou aux jours où le soleil brille ...
Toute la différence est là. Tout le secret est là.
Et on le conditionne, parce qu'il y a cette

croyance ancrée en nous qu'il en est ainsi. Elle est ancrée, parce qu'elle fait partie de notre identité. Comme une vérité contre laquelle on ne pourrait pas aller, sous peine de se mettre en danger. De mettre sa vie, ou celle de ceux qu'on « aime », en danger. Il y a cette croyance qui clame : « C'est à cette condition-là que je serai heureux », « C'est à cette condition-là que la vie vaut la peine d'être vécue » « C'est à cette condition-là que je serai véritablement en sécurité », jusqu'à : « C'est à cette condition-là que j'existe ! »

L'égo, c'est donc aussi la représentation qu'on se fait du « bonheur ». Et c'est celle qu'on se fait du « malheur » : de ce qu'il faudrait éviter. Et si on veut, si on croit, devoir éviter certaines choses dans sa vie... alors, au fond de nous, on redoute l'avenir, on est dans la peur. Et comment être « heureux » si on est dans la peur ?

*

Sortir du piège de l'égo.

C'est quitter le personnage, sortir de l'illusion. C'est penser pas soi-même et non plus selon ses croyances. C'est reconnaître ses émotions et ses peurs. C'est ne plus être dans le passé ou dans le futur.

On sort de l'égo quand on est « présent ». Et quand on est présent, on n'est plus dans l'égo.

LE DIABLE

> *« Pourquoi ne comprenez-vous pas mon langage ? C'est que vous ne pouvez pas écouter ma parole. Vous avez pour père le diable et ce sont les désirs de votre père que vous voulez accomplir. Dès l'origine, ce fut un homicide ; il n'était pas établi dans la vérité parce qu'il n'y a pas de vérité en lui : quand il dit des mensonges, il les tire de son propre fonds, parce qu'il est menteur et père du mensonge. »*
>
> Jean (8, 42-44)

De quel « père » Jésus parle-t-il ?
Qui est ce diable ?

*

L'humain, depuis qu'il écrit son histoire, a toujours senti une force qui l'empêchait d'être heureux. Une force opposée à l'amour, à la vie même. Une force qui crée le malheur, la violence et la souffrance, qui divise, qui rejette, qui peut agresser et tuer.

Les sages ont toujours su quelle était l'origine

de cette force. Il ne lui donnait pas forcément ce nom de l'égo, mais ils en connaissaient la nature. Celle qui éloigne de la nature.
Mais un jour, plus personne n'a voulu les écouter.

Alors on a inventé un personnage (extérieur à « soi »), un « autre », qui représente cette force. On lui a donné plusieurs noms. On le retrouve dans toutes les cultures : le diable, Satan, Belzébuth, Lucifer, Hadès, « le démon », Huwawa, Ahriman, Seth... C'est le mal, c'est le méchant, c'est le coupable. C'est le bouc émissaire.

Étymologiquement, diable vient de « diablos », un mot grec qui signifie diviser, détruire... Intéressant non ?
Cela montre comment cette séparation qui est en nous, nous pousse à chercher dehors, à l'extérieur, la cause de nos souffrances (ou à l'inverse les raisons d'un certain mieux-être), c'est-à-dire comment l'humain a créé des concepts, des symboles qui personnifient cette séparation.
Ce qui nous fait chercher des solutions ou des explications « hors de nous » alors qu'elles sont à trouver « en nous ».

Nietzsche est l'auteur de la formule : « le diable est dans les détails ».
Cette expression veut dire, a priori, que ce sont

les petits détails qui peuvent faire capoter une affaire ou un projet.
Mais on peut aller plus loin : en voyant le diable comme l'égo qui va souvent chercher « la petite bête » qui justifiera la différence et la séparation.
« Il est comme ça, donc il n'est pas comme moi, donc il ne m'aime pas » ou « je ne l'aime pas. »
« Elle ne veut pas faire ça avec moi, donc elle ne m'aime pas, donc je la rejette. »
Ces détails vont devenir ce qui justifie le jugement, les critiques, le rejet, le repli sur soi et la séparation. Ils vont créer le « tout ou rien ».
Ces détails deviennent des obstacles à l'Amour, car on va conditionner l'affection que l'on porte naturellement aux autres, à des actes, des paroles, même les moindres, selon qu'ils vont ou non dans le sens de nos croyances, de nos habitudes et des besoins égotiques (et non naturels) de notre corps ou de notre mental. Ceux du personnage.
C'est ainsi que fonctionne l'égo.

*

« Il est démoniaque. »
« C'est un monstre. »
« Il est habité. »
« Il est possédé. »
Non.
Il est simplement « sous la coupe » de l'égo.

Il est identifié à un personnage. (Ou plusieurs, il n'y a pas d'unité dans le personnage). Un personnage qui a besoin de contrôler et de posséder. Et ce personnage a peur de ne plus « exister » lorsqu'il ne contrôle ou ne possède pas tout ce qui lui permet d'exister.
Alors il va créer de la violence, de la cruauté, des comportements manipulateurs ... qui ne sont que l'expression de peurs.

Le mythe de Faust

Œuvre majeure de l'écrivain et poète Goethe, c'est l'histoire d'un savant alchimiste qui a passé un pacte avec le diable. Il vend son âme pour accéder à la connaissance universelle, redevenir jeune, et jouir de tous les plaisirs.
Qui ne voudrait pas tout savoir, tout comprendre ? Qui n'aimerait pas rester jeune et beau et ne pas mourir ? Avoir une vie pleine de plaisirs ?
C'est vrai que la tentation est grande.
Comment ne pas voir dans cette proposition du diable, les tentations de l'égo ?
Vous savez que c'est un mirage, que c'est « faux », et que vouloir cela, c'est refuser la nature des choses, aller à l'encontre de soi et de sa nature, et c'est en effet « vendre son âme » et donc abandonner ce qu'il y a de plus beau et de plus vrai en nous.
C'est l'égo qui n'aime pas vieillir, car on

devient, selon ses critères, moins attrayant, moins attractif et on s'approche de ce qui lui fait le plus peur : la mort. C'est l'égo qui confond plaisir et Bonheur. C'est l'égo qui veut donner une explication à tout pour mieux contrôler son petit monde.
C'est l'égo qui est prêt à tout croire pourvu qu'on lui dise qu'il a raison.

Ce mythe de Faust a autant de succès parce qu'il nous parle à tous.

*

Le diable n'est pas l'égo et l'égo n'est pas le diable. Mais quand on parle du diable, on parle en fait de l'égo.

Le diable est un personnage fictif, mais l'illusion de l'égo, elle, est bien réelle, même si c'est une illusion !
N'ayez pas peur du diable comme n'ayez pas peur de l'égo.
Voyez le personnage qui croit que le mot « diable » et le mot « égo » sont des repoussoirs.

Reconnaissez l'égo pour ce qu'il est.
Une illusion et un piège.
Ce faisant, vous libérez l'esprit, le diable n'existe plus, et la peur se dissipe.

CONTRÔLER OU EXCLURE

La propension de l'égo à fixer les choses, à « conseiller » constamment : « Ça, c'est toi, ça, ce n'est pas toi », avec sa dualité positive/négative, fait écho, bruyamment, à cette quête d'absolu inconsciente qu'on retrouve dans « les relations humaines », et plus particulièrement celles dans lesquelles il y a des rapports d'affection.

Nous avons déjà parlé de l'Amour (avec un grand A et non un petit « a » qui est « l'amour selon l'égo »).
Pour le cerveau qui est fait de matière, et dont la mission première est, rappelons-le, la survie et la préservation de l'espèce, tout a une cause et tout a un but.
Le principe duel de l'égo va nous détourner de l'Amour en lui donnant un sens, une explication, en exigeant des preuves physiques et matérielles. Il va le pervertir en lui posant des conditions. Et on va vivre l'Amour selon les règles de l'égo : l'amour avec un petit « a ».
En résumé, ça va être « tu m'aimes ou tu ne m'aimes pas » ou bien « je t'aime à condition que » ou encore « tu m'aimes trop ou pas assez ».
Bien entendu, ce processus se fait le plus

souvent inconsciemment. En tout cas, sans qu'on le veuille vraiment.
Mais on peut le voir et le reconnaître.
Le plus souvent, il y a alors beaucoup de croyances, d'attentes, de « passion » dans les relations d'affection. Tout est exacerbé.

Plus les gens sont dépendants de l'égo, plus ils ont tendance à vouloir contrôler... puis à exclure.
Ce n'est pas un jugement, c'est juste ainsi.
C'est automatique.

Contrôler ou exclure se manifeste là où il y a une aspiration ou un besoin à vivre quelque chose « ensemble », les relations dans lesquelles l'Amour devrait s'exprimer, et plus particulièrement dans les relations intimes.
L'Amour est là. Il ne demande qu'à s'exprimer.
Il s'exprime d'ailleurs : c'est cette sensation forte que perçoit aussi l'égo au travers de l'esprit et du corps.
Mais l'égo veut lui donner un sens.
« Il faut qu'il/elle soit à moi. »
« Il faut que ça continue comme c'était. »
« Il faut le/la garder et l'avoir pour moi. »
« Il faut qu'il/elle soit d'accord avec moi sur tout. »

*

Enfant, j'observais souvent les merles dans le

jardin. Les merles vivent « en couple ». Lorsqu'un jeune mâle a trouvé « sa place », après avoir gagné « son territoire », ce qui passe forcément par quelques escarmouches au début du printemps face à d'autres jeunes mâles, il va former un couple avec une femelle. Ce couple durera jusqu'à ce que l'un des deux ne meure. Ce couple est une relation privilégiée entre deux êtres de la nature. Et cette relation a pour vocation de préserver leur espèce. Tout comme la sélection naturelle y contribue. Il n'y a pas de calcul. C'est simplement ainsi que « ça marche » pour les merles.
Il est facile de reconnaître un merle mâle d'un merle femelle. Eh bien, on remarque qu'ils gambadent chacun de leur côté dans leur petit territoire, afin de chercher de la nourriture. Ils se croisent parfois, et le soir, chacun trouve son buisson pour dormir. Durant la période de reproduction, de couvaisons, et tant que les oisillons ne sont pas prêts à voler de leurs propres ailes, les contacts et les contributions mutuelles sont plus intenses, bien sûr !
La femelle, se plaint-elle du fait que le mâle n'en ferait pas assez ?
Le mâle, se plaint-il du fait que la femelle ne serait pas suffisamment proche de lui ? La femelle et le mâle rejettent-ils ou houspillent-ils leur oisillon s'il n'apprend suffisamment vite à voler ? Bien sûr que non.

Mais pour l'humain, c'est bien trop simple.

« C'est comme ça que ça devrait être, selon moi ». L'amour utile, l'amour qui rassure, l'amour qu'on possède.
On va vouloir contrôler en demandant des preuves d'affection et d'attachement. Et si on ne les obtient pas, on en conclura que l'autre ne nous aime pas ou pas assez.
C'est le fonctionnement automatique de l'égo qui est à l'œuvre, se reposant sur les croyances et faisant passer le message par des pensées préformatées.

C'est la peur qui tue l'expression de l'Amour.
Et ensuite, c'est l'exclusion.
« S'il ne me suit pas, s'il n'est pas comme je suis, comme moi, s'il ne veut pas me faire plaisir, alors il ne m'aime pas. »
« Si elle ne m'aime pas, si elle ne me veut pas mon bien, c'est donc qu'elle me rejette »
« Alors je le rejette. »
« Je la rejette et je l'exclus pour ne pas me retrouver en danger. »
« Parce que je vaux mieux que ça, parce que je ne mérite pas ça. »
« Je l'exclus parce qu'il est différent de moi. Parce qu'on devrait être d'accord sur tout. Il devrait être d'accord avec moi sur tout. Il devrait être comme moi. »
« Et peut-être qu'en la menaçant de l'exclure de mon affection, elle rentrera dans le rang ».
Le chantage affectif.
Le besoin de contrôle, c'est le besoin de

possession de l'Amour et c'est la perversion de l'Amour par l'égo.
L'exclusion en est la conséquence. Exclusion qui peut se manifester par des critiques, un repli sur soi, la fuite, ou la rupture.
Voilà comment des familles se déchirent, des amis se séparent, des couples se font la guerre, des parents rejettent leur enfant... plutôt que de vivre l'Amour. Voilà comment l'Amour se transforme en amour égotique. Comment il crée ressentiment, jalousie, rancœur et souffrance, alors qu'il y avait et il y a toujours l'Amour. Comment on en arrive à la honte, les regrets, la colère et la haine.

Le plus « douloureux », c'est que « contrôler ou exclure » se met en place dans des relations privilégiées : les relations entre êtres qui ont une connexion spéciale... puisqu'ils se sont « trouvés » en ce monde.
Cette connexion spéciale a un sens. Elle vibre et devrait être source de contribution mutuelle, quelle que soit sa forme.

Plus on a d'attentes et plus on peut être déçu.
Plus on a d'attentes, plus on veut contrôler.
Et plus on veut contrôler, plus on est ou on sera dans l'exclusion (latente).
Parce qu'on n'accepte pas « l'autre » comme il est, on n'accepte pas la vie comme elle est. On n'accepte pas le caractère authentique de « l'autre ».

On veut le personnage, celui qui convient à nos croyances et nos besoins égotiques.
Indirectement, c'est la peur de ne pas être aimé, la peur de perdre, la peur de manquer aussi. Peurs sur lesquelles nous reviendrons.
Lorsqu'il s'agit d'une relation enfant/parent, souvent, l'égo ne s'est pas installé solidement chez l'enfant. Ce sont donc des parents qui vont vouloir contrôler les choses, en demandant à l'enfant de se comporter d'une façon qui convient à leurs croyances et attentes.

Dans le cas d'une relation amoureuse ou amicale entre adultes, c'est forcément la personne la plus identifiée à son égo qui va demander le plus de « preuve d'amour », et ainsi se comporter en contrôleur.
Car une personne présente et connectée à « ce qui est », et donc à l'Amour, n'a rien à prouver et ne s'attache pas. Elle est libre, car elle est dans l'Amour. En étant dans l'Amour, elle est forcément libre. L'un ne va pas sans l'autre.
Elle aime et cela suffit à son bonheur, car c'est bien cela le Bonheur.
Et cette liberté devient souvent insupportable à ceux qui fonctionnent selon les règles de l'égo.
Cette liberté est interprétée comme une marque de défiance.
Ils se retrouvent alors dans une impasse.
Ils ressentent bien cette connexion. Une expression de l'Amour en ce monde, qui ne

demande qu'à être vécue, qu'à devenir une contribution mutuelle.
Mais l'égo va tout vouloir. La liberté lui fait peur. L'égo est dans le temps et l'avenir est forcément inquiétant.

Ce besoin de contrôle par rapport au futur créera immanquablement des situations dans lesquelles « l'autre » ne sera pas ce qu'on attend de notre idéal (constitué d'attentes et de croyances). D'un autre côté, ce besoin de contrôle ne conviendra pas à un être accompli.

Exclure, c'est en quelque sorte, refuser la nature des choses. C'est renoncer à être en harmonie avec ce qui est, parce que l'égo a décidé qu'il ne devait pas en être ainsi.

*

Renoncer à toutes ses croyances liées aux relations et ne plus placer d'espoir dans ses relations, c'est automatiquement créer de nouvelles (formes de) relations : harmonieuses, respectueuses, contributives et équili-brées : « les relations conscientes ».

EXERCICE DE PRÉSENCE : LE SOUVENIR

Pensez d'abord à un événement passé encore « douloureux » (mais pas « trop ») de votre vie. Choisissez un événement qui a été assez soudain. Par exemple, vous vous êtes senti subitement humilié ou vous avez eu honte de vous-même.

Rappelez-vous de la « scène ». (Oui, on est comme au spectacle, il s'agit d'un « drame ».)
D'abord du contexte.
De ce qui se passe juste avant l'événement.
Où êtes-vous ? Avec qui ? Que voyez-vous ? Est-ce bruyant ?
Dans quel « état » étiez-vous juste avant ?
Vous étiez « zen », excité, un peu triste, préoccupé, joyeux ?

Ressentez cet état. Ne pensez pas à ce qui va se passer juste après.

*

Remémorez-vous maintenant les phrases ou les agissements qui provoquent l'émotion.
Voyez-là qui monte alors en vous.
Cette émotion résonne à nouveau en vous ?

Ce que vous ressentez, cette émotion (qui est aussi souffrance), n'est-il pas directement relié à ce souvenir ?
Comprenez-vous que vous donnez encore du sens à ce souvenir ?
Voyez-vous ce personnage, « qui est vous », et qui a été « victime de... » ou « coupable de... » ?
La souffrance est toujours là et elle est réactivée dès que vous pensez à ce souvenir ou que vous vivez une situation qui y ressemble.
N'est-ce pas le cas ?

*

Maintenant, revenez ici, au présent.

Où êtes-vous en ce moment même ? Sur une chaise, un canapé, un lit ?
Que faites-vous ? Vous lisez et faites cet exercice.

Respirez profondément 2 ou 3 fois.
Tout va bien, n'est-ce pas ?

N'est-ce pas « incroyable » ?
Vous êtes là, maintenant à lire et faire cet exercice et vous pouvez ressentir une émotion plus ou moins douloureuse, juste en pensant à un événement passé.
Mais regardez autour de vous.
Il n'y a rien qui puisse créer cette émotion.

Tout est « dans votre tête ». Vous avez toujours ancré en vous, vous avez gardé en vous, dans votre mémoire, ce souvenir et vous continuez à le qualifier de « douloureux ». Vous continuez à « y croire ».
Pourquoi l'avez-vous gardé, mais surtout, pourquoi crée-t-il encore de la souffrance ?
Ne vous dites-vous pas : « Parce que j'ai été humilié », « Parce que je culpabilise d'avoir fait ça » ?
Qui est ce « je » qui a été humilié ou qui culpabilise ? Existe-t-il vraiment maintenant, là où vous vous trouvez ? Existe-t-il VRAIMENT ? Est-ce que ce « je », c'est ce que vous êtes vraiment, maintenant ?
Ce « je » est en fait l'identification à un personnage qui a vécu cela et qui a souffert de l'événement en question.

*

Voyez-vous ce personnage, maintenant ?
« Qui » voit ce personnage ?
« Qui » est cet être, cet espace, cette conscience qui voit cela ?
N'est-il pas paisible, serein et bienveillant ?
N'est-il pas Amour pour ce personnage qui a souffert ?
N'est-il pas votre vérité et le personnage, n'est-il pas illusion ?
N'est-il pas présent, partout, et le personnage, n'est-il pas qu'une pensée, une image ?

IDENTIFICATION

S'identifier, c'est se définir.
C'est donc se limiter.

Identifier, c'est définir.
C'est donc « se fermer » à tout ce qui est... hors des limites de cette définition.

*

Les humains « doivent » se positionner.
Ils se sentent obligés de se positionner, sinon ils ont l'impression de ne pas exister.

Dès leur plus jeune âge, « on » les définit. Un sexe, un prénom, un nom, un physique, une couleur de cheveux, ensuite des « façons de faire », des mots et des histoires entendues... Et puis des « Oh, il ressemble à sa mère !», « Oh, il est grand !», « Il n'est pas très habile ! », « Il ne mange pas bien ! », etc.

L'âge tendre est aussi celui de la malléabilité.
Toutes ces définitions vont le déterminer.
Et la tendresse va laisser la place à la rigidité : « Voilà ce que je suis, parce qu'on m'a dit que j'étais cela ». Par mimétisme, imitation, acceptation et intégration, ou à l'inverse, rejet

de ce qu'on a entendu et vu, on va se définir.
On va se mettre dans des cases. Ce faisant, on s'identifie ou se « contre-identifie » (ce qui reste de l'identification).
Et toute leur vie, les gens « restent identifiés », même si leurs identifications peuvent évoluer avec le temps : « Avant, j'étais ceci. Maintenant, je suis cela. »
De là, proviennent les « Je me sens bloqué », « Je me sens coincé », « Je suis prisonnier de... », « Je ne peux pas faire autrement », « C'est comme ça ».

*

L'égo, c'est l'instinct de survie perverti par le mental.
Et il va, systématiquement, pour toute information et situation, dire « c'est bon pour toi » ou « ce n'est pas bon pour toi ». Selon ses croyances, selon ce à quoi on est identifié.
Car « ta survie est en jeu », rappelle-t-il inconsciemment.
Sauf que cette survie concerne le personnage auquel on est identifié.

*

« Quel est ton rôle ? Quelle est ta situation ? Attention, parce que si tu n'as pas de situation, tu n'es rien. Et si tu n'es rien, tu es en danger », demande puis affirme l'égo.

Et on répond :
« Je suis *supporter* de l'OM, donc je ne peux pas soutenir le PSG. »
« Je suis *un homme*, donc je vais me comporter comme un homme. »
« Je suis *jeune*, donc j'aime ce qu'aiment les autres jeunes. »
Alors qu'on n'est rien en particulier.
On est tout.

Pourquoi rester dans ce jeu pervers de l'identification qui crée la discorde, la séparation, et donc de la souffrance ?
Toutes ces identités nous définissent dans le temps, la matière et dans l'espace. Dans « le bien ou le mal ». Le « beau ou le laid ».

« Je pense, donc je suis. »

J'étais au lycée, en terminale, et mon professeur de philosophie avait énoncé cette fameuse phrase. Il avait suivi tout le raisonnement de Descartes, le philosophe qui voulait démontrer par la raison « qu'on existe... parce qu'on pense ».
Je me souviens lui avoir demandé si on ne pouvait pas « croire qu'on pense », ou que quelque chose, quelqu'un, nous ferait croire que nous pensons, ou même guiderait nos pensées, et ainsi rendrait caduque la démonstration. (Je ne connaissais pas le

concept de l'égo à l'époque.)
Après un petit moment d'agacement, sa réponse fut : « Peut-on vraiment douter de tout ? ». Voilà ! Comme ça, c'est dit.
Et ce qui est était sous-entendu, c'est : « Qui es-tu pour avoir le droit de douter ? »
« Je doute, donc je suis », aurais-je pu alors lui répondre !

Cette phrase « Je pense, donc je suis » est pourtant, comme l'a noté Eckhart Tolle, sans doute le plus grand mensonge de l'égo.
C'est le meilleur exemple de l'identification au mental.

« Je suis. »
Voilà. Tout simplement.

Mais c'est trop simple et incompréhensible pour le mental cartésien qui veut une cause et une conséquence.
« Je pense, donc je suis », c'est : « Je suis ma pensée ». Certes, le trait est peut-être forcé, mais on n'en est pas très loin.
De cette identification au mental découlent toutes les autres identifications imaginables :
« Je suis fort, donc je suis. »
« Je suis beau, donc je suis. »
« Je suis intelligent, donc je suis. »
« Je suis cultivé, donc je suis. »
« Je suis petit, donc je suis. »
« Je suis croyant, donc je suis. »

« Je suis de droite, de gauche, du centre, communiste, anarchiste..., donc je suis. »
« Je suis spirituel, donc je suis. »
... Ou « ne suis pas ». Car : « Si je suis cela, je ne suis pas son contraire. » Et « Si je ne suis pas cela, je suis son contraire. »
On s'attache à des identités, comme on s'accroche aux branches de l'égo. Plus dure sera la chute quand ces identités n'auront « plus de sens ». Quand la réalité s'imposera d'elle-même au personnage fictif.
« J'ai du succès, je suis une personne qui a du succès, donc je suis. »
Et quand le succès passe, quand quelqu'un d'autre a « plus » de succès que soi et qu'on se retrouve « dans l'ombre », ou qu'on fait une erreur « fatale » ..., qu'arrive-t-il ? Quelle sera la nature des relations avec celles et ceux qui n'ont pas de succès ou ne recherchent pas le succès ? Le mépris ? L'indifférence ? L'occasion d'exercer son besoin de contrôle ? Et stresser ensuite si on ne parvient pas à l'imposer ? Jusqu'à la colère. Jusqu'à la séparation et l'exclusion.
« Je suis séduisant, donc je suis. »
Et quand un accident survient, qu'on ne plaît pas ou plus à qui on souhaiterait plaire, ou que « jeunesse passe », on fait quoi ?
« Je suis athée, donc je suis. »
Et quand on sent qu'il y a « autre chose », mais qu'on reste accroché à cette identité et cette croyance « qu'il n'y a rien », que va-t-il se

passer ?
Lorsqu'on s'identifie, on met en place une croyance : celle qu'on est ce à quoi on s'est identifié.
Cette croyance et cette identification seront ensuite très difficiles à déloger. Nous avons vu pourquoi : parce que les pensées suivent les croyances qu'on a inconsciemment et involontairement acceptées et intégrées. Elles sont devenues des vérités « sensées » assurer la survie : la survie du personnage.

Relisez bien ce dernier paragraphe.

Il faut voir ce qu'il y a derrière les croyances.
Voir ce à quoi vous vous êtes identifié.
Il n'est pas nécessaire de savoir « d'où ça vient ». Le plus important, c'est de le voir et de l'accepter. C'est-à-dire de le reconnaître.

On reconnaît nos identifications à la rigidité qu'elles intègrent. Quand on a beaucoup de mal à envisager « l'opposé » d'une préférence, c'est sans doute qu'on est encore dans l'identification.
Ce n'est pas grave, mais c'est ainsi.

Il ne s'agit pas d'aller contre la nature, contre son caractère. Il s'agit de se libérer de ses croyances. Surtout celles qui créent la séparation et la limitation.

DU SENS AU JUGEMENT

Signifier

Tout commence donc avec l'identification.
On identifie les autres. Ou on s'identifie.
... À quelque chose.

Et comme notre incarnation en ce monde bénéficie d'un « mental logique », de l'identité naît des significations.
On élargit le spectre.

Parce que : « si c'est noir, ce n'est pas blanc ».
Pour l'instant, on est « d'accord ».
« Si c'est noir, ce n'est pas l'arc-en-ciel ». Certes.
« Si c'est noir, c'est comme la nuit ». Là, on commence un peu à s'éloigner du sujet, mais pourquoi pas...
« Et si c'est noir, c'est inquiétant ». « Si c'est noir, c'est triste. Et ce n'est pas gai ». « Si c'est noir, c'est la mort ». Ah bon ?
Si on s'identifie au noir, on va s'identifier à tout ce qui s'y approche, tout ce qui lui ressemble : selon sa propre appréciation de ce que le noir peut signifier.
Et si on ne s'identifie pas au noir, si on se « contre-identifie » au noir (« Je n'aime pas le

noir, le noir ce n'est pas moi. »), on va avoir tendance à rejeter tout ce qui lui ressemble, tout ce qu'il peut exprimer (inconsciemment) et tout ce qui s'en approche.
Cela se fera différemment selon l'histoire, les croyances, la sensibilité de chacun. Selon le moment, l'environnement, la situation. Tout un tas de petits détails relatifs ou non à ce qu'on se fait comme idées du « noir », ce qu'on a comme histoires enfouies en nous à son égard, nous pousseront dans une direction ou une autre.

Nous avons parlé du noir.
Mais on peut parler du blanc : la pureté, la virginité, la neige...
Ou du rose : les bébés, le flamant, le parfum, octobre...
Ou du bleu : le ciel, la mer, la France, la police...
Ou du rouge : le sang, l'amour, l'enfer, les pompiers...

Et puis on peut le faire aussi pour la France, l'Inde, l'éducation, Johnny Hallyday (qui a chanté « noir, c'est noir » !), l'argent, la réussite, le cinéma d'auteur, la musique classique, le vin, l'écologie, le « bio », les chiens ou les chats...

Pouvez-vous voir les ramifications qui se sont constituées automatiquement dans le cerveau à partir d'une simple identification ?

Signifier, c'est impliquer, c'est élargir le périmètre de l'identification à tout ce qui y est relié.

On va créer ces liaisons.
Qui vont ensuite devenir des liens, par le jeu de l'égo.

Comparer

Comparer n'est pas un problème en soi.
Quand on en reste à la constatation physique et objective des choses, pas de problème : « Ce bout de bois est plus grand que celui-ci, il fera mieux l'affaire pour bloquer la porte. », « Cette couleur de peinture est la plus proche de celle du mur mitoyen, je vais donc la choisir. », « Cette personne est la plus qualifiée parmi celles que j'ai rencontrées pour avoir ce job, je vais donc l'embaucher. »
La préférence n'est ici que le fruit de réalités objectives. Nul besoin de confirmer quoi que ce soit au sujet d'une croyance.

Mais ça se complique très souvent parce que l'égo va mettre son grain de sel. Il va le faire en s'appuyant sur l'identification, la signification et la capacité naturelle du mental à comparer. Ici aussi, on détourne une aptitude du mental qui avait pour vocation la survie (je compare les deux possibilités qui s'offrent à moi afin de faire le choix qui m'offre le plus de chance de survie), au bénéfice d'un personnage : celui auquel on est identifié.

L'égo va donc nous pousser à tout comparer. Car il a une obsession : nous positionner par rapport au « monde », aux autres, un idéal...
« C'était super, mais ça aurait été top si... » « La prochaine fois, ce sera encore meilleur. » « Avant, c'était mieux. »
Voilà la comparaison dans toute sa splendeur.
Avoir des attentes, s'exalter puis regretter, être déçu, relativiser pour minimiser afin de mieux mettre en avant sa préférence...

Prenons un exemple : la voiture.
Beaucoup de gens s'identifient à « leur » voiture. C'est pour cela qu'on observe un fort taux de fidélisation pour les marques automobiles.
« Moi, je roule en Renault depuis 20 ans, je ne changerai plus. »
« Moi, je suis passé chez Citroën il y a 10 ans. »
« Moi, c'est Mercedes-Benz ou rien. »
« Moi, je suis fidèle à Volvo depuis toujours. »
Lorsque ces personnes s'identifient à leur voiture, il se créera immanquablement un processus de comparaison.
« Cette voiture est moins bien que la mienne. »
« Celle-ci est plus « class » que la mienne... »
« Cette couleur est plus réussie... »

« Cette voiture a moins d'options... »
Le plus souvent, cela se fait de façon inconsciente. Mais à chaque fois qu'ils vont croiser ou dépasser une voiture, une petite décharge émotionnelle sera créée. « J'aime / je n'aime pas », selon les critères d'identification.
Et « ça marche » pour tout ce qu'on considère comme important pour le personnage.

Et après les : « J'aime / je n'aime pas » et les « C'est comme moi / ce n'est pas comme moi » de la comparaison....
On va passer automatiquement à :
« C'est bien / ce n'est pas bien », « C'est juste / c'est injuste » « C'est beau / c'est laid » « C'est méchant / c'est gentil » « C'est moral / c'est immoral » « C'est généreux / c'est égoïste »
On passe au Jugement. La comparaison précède le jugement.

Juger

« Que celui qui n'a jamais péché jette la première pierre. » Jésus interpellait ainsi une foule pleine de colère et de haine à l'encontre d'une femme qui n'avait pas respecté « les codes » (patriarcaux) de leur société. On peut fortement supposer que le mot « péché », dans la bouche de Jésus, n'avait sans doute pas cette connotation morale qu'il a aujourd'hui.

« Qui es-tu pour juger ? ». C'est la même question sans sa dimension religieuse.

Lorsqu'un juge, dont c'est la profession, juge, il va réunir toutes les informations utiles pour identifier, caractériser le délit ou le crime dont le prévenu est responsable. Il va comparer cela avec la loi. La loi écrite. La loi de l'État. Et il va juger, c'est-à-dire décider s'il y a responsabilité ou non par rapport à la loi, aux réglementations, dans quelle mesure, pour finalement fixer la sanction ou la punition.
Il va décider (pas toujours seul : il y a parfois des jurés) s'il y a un coupable et une victime, à quel point le coupable est coupable, et à quel point la victime a été victime.
Que ce soit juste ou pas n'est pas la question.
C'est ainsi qu'on juge quand on est juge au tribunal.

Dans la vie de tous les jours, on va constamment juger ou être jugé.
Ce n'est pas la prison ou une amende qui est en jeu, ce sont des regards réprobateurs ou inquiets, des remarques plus ou moins acerbes, de la méfiance, de l'admiration, de l'envie, de la colère, de la peur, jusqu'à l'exclusion ou la mise à l'écart d'un groupe ou d'une relation. Et ce qui remplace les lois, ce sont les croyances.

Il est important de faire la distinction entre un constat et un jugement.
Un constat est objectif. L'égo n'intervient pas dans l'expression d'une constatation. Les choses sont dites « comme elles sont ».
Le jugement est subjectif, l'égo est intervenu avec ses croyances « personnelles », et ce qui va être dit aura un arrière-goût, une sonorité, un aspect « moralisateur ». C'est à cela qu'on peut facilement le reconnaître. L'égo n'est pas un « juge de paix ».

*

Un parent s'occupe des devoirs de son enfant. (Notez en passant le mot décrivant ces exercices à domicile de l'élève, qui est un synonyme d'obligation... Le jugement n'est déjà pas loin.)
Il s'agit d'un exercice de mathématiques.
Le jeune arrive à un résultat erroné.
Le parent peut alors dire : « Ton résultat n'est pas le bon, je te propose de chercher ton erreur. » Ou : « Tu as encore fait une erreur, concentre-toi ! » Ou : « Tu ne travailles pas assez en cours, tu préfères t'amuser avec tes amis. Tu ne seras jamais ingénieur si tu continues comme ça. Ta sœur travaillait mieux que ça. »
On est monté crescendo dans le jugement.

Dans le premier cas, n'apparaissent pas le jugement, la critique ou les attentes. On constate et on propose une solution.
Dans le second, le parent commence déjà à juger : en disant « encore » ce qui aura tendance à identifier l'enfant à une personne qui fait beaucoup d'erreurs, qui se trompe...
Et dans le troisième cas, on a presque toute la panoplie du jugement égotique. Le parent considère qu'il n'y a pas assez de travail par rapport à ce qu'il pense que son enfant devrait produire. Il suppose que c'est dû à une dispersion et un intérêt trop prononcé pour la camaraderie. Il formule un doute, une menace même quant à l'avenir et la « réussite » de l'enfant. Il compare avec un membre de la fratrie.
Même si le parent pourrait avancer qu'il fait cela pour le bien de l'enfant, il le fait en fait par rapport à ses propres attentes envers lui-même ou les attentes qu'il a « lui » envers son enfant. Il confond bien-être et réussite. Il suit en cela une des « logiques » de l'égo. (« Si tu as un bon travail plus tard, tu seras sauvé et apprécié. »). Le parent a identifié l'enfant comme SON enfant et s'est identifié comme un parent exigeant qui aura des enfants qui réussissent. Il compare alors ce que l'enfant accomplit avec les attentes qu'il a vis-à-vis de lui, en matière de comportement, d'investissement et de résultat. Pour en finir inévitablement par juger.

Quelle sera la nature de leur relation ? Que peut-il résulter de ces mots ? Peur, stress, orgueil, culpabilité, soumission, mensonge, colère, révolte, inhibition... Ce sera selon le caractère de l'enfant et la culture familiale.

*

On craint le jugement des autres, comme on a peur de notre juge intérieur qui nous dit : « Tu ne devrais pas faire ça » ou « Comment, peux-tu penser cela ? ».

Se retrouver et retrouver sa véritable nature, c'est aussi s'affranchir « des lois » de ce juge illusoire. C'est se libérer de ces croyances qui nous poussent à faire « par rapport aux autres » ou « par rapport au personnage auquel on s'est identifié ».
Lorsqu'on est pleinement présent, dans ce qui est, lorsqu'on est ce qui est, on n'est pas identifié aux pensées et aux personnages, on les voit. Et en les voyants, on ne rentre pas « dedans », car il n'y a aucune « raison » de le faire sinon à être le jouet de son passé et de ses croyances. On reconnaît le juge qui prononce sa sentence avant même qu'elle ne parvienne à l'esprit.
Et pourquoi le fait-on ?
Afin de ne plus souffrir.

CE QUI NOUS RETIENT

Qu'est-ce qui nous empêche de lâcher l'égo ?
Qu'est-ce qui nous fait si souvent (re)tomber dans ses pièges ?
Qu'est-ce qui fait qu'on préfère rester dans « un personnage » alors même qu'on sait que cela ne nous rend pas véritablement heureux et que cela résonne souvent faux en nous ?
Pourquoi continue-t-on à faire semblant ?
Pourquoi « y » retourne-t-on dès qu'on « se sent » un peu faible ?

Pour répondre à ces questions, une petite histoire (vraie) :
J'approchais de la trentaine (c'était donc « avant » l'expérience de la source). J'avais été recruté par une entreprise « renommée ». J'avais un beau challenge et j'étais parvenu à le réaliser. J'avais même dépassé les objectifs attendus. J'étais bien rétribué en échange de ma contribution.
J'ai beaucoup appris en matière d'organisation, de relations humaines, de coaching... J'y ai rencontré de belles personnes.
Cette entreprise avait cela de particulier que le « poste » qu'on occupait correspondait à une « classe ». Un peu comme à l'armée avec les grades.
La classe 8, c'était le patron et fondateur.
J'étais « classe 3 ». « Bien rétribué pour

un « classe 3 », avec des avantages et de belles responsabilités.
Mais « classe 3 ».
Pourquoi « mais » ? On se le demande bien puisque tout allait bien dans mon travail. Je voyageais et j'appréciais cela. J'étais autonome dans mon organisation. Je rencontrais des professionnels avec lesquelles j'avais choisi de travailler. Je commercialisais des produits récréatifs dont la fonction n'allait pas à l'encontre de mes valeurs.

Alors tout était parfait, n'est-ce pas ?
Et bien non.
Au bout de 2 ans, j'ai commencé à me sentir mal à l'aise. Pas à ma place. Je « pensais » que je méritais mieux. Que je pouvais et que je devais avoir plus de responsabilités.
Il fallait que « je monte ». Il me fallait devenir « classe 4 ». Puis « classe 5 ». Et un jour peut-être, « classe 6 »...
Alors, j'ai commencé à regarder les postes disponibles en interne. Je me suis moins intéressé à mon travail au quotidien. J'ai commencé à ne plus vraiment apprécier mon travail.
J'ai trouvé un poste au bout de quelques mois, même si ce n'était pas « l'idéal » de ce que je recherchais.
Et puis j'ai été déçu, car j'avais finalement moins d'autonomie que je n'en avais dans mon poste précédent. Je ne prenais pas de plaisir

dans ce nouveau poste. Parce que les produits que mon équipe et moi proposions n'étaient pas vraiment en résonnance avec mes valeurs. Parce qu'on ne me proposait pas de créer, on me demandait de contrôler. Parce que je me suis retrouvé dans un climat de compétition permanent, avec ses jeux politiques.
Je n'avais sans doute pas « le caractère qu'il fallait ».
J'ai demandé plus de considération. J'ai reçu moins de sens.
Mais à l'époque je ne l'ai pas vraiment compris ainsi. J'avais plutôt l'impression - à nouveau - qu'on ne me considérait pas selon ma « véritable valeur » : celle que j'avais accordée au personnage que je voulais encore incarner, même si je le remettais en question régulièrement.
Mon « mérite » fut de ne pas insister. Au bout d'un an, je démissionnais de la Société.

*

Voilà « une personne » qui fait des choix selon l'égo. Un être qui ne sait plus apprécier ce qu'il vit parce qu'il en veut « plus » et parce qu'il mesure son bien-être – au final- selon une grille d'appréciation sociale.

Aujourd'hui, je souris avec bienveillance à ce souvenir.
Je sais qu'il fallait que je vive cela pour mieux

« me connaître », pour apprendre à reconnaître le bon de l'illusoire.
Mais à ce moment-là, il y a eu dans le désordre, de l'insatisfaction, de l'envie, de l'orgueil, de l'avidité, du soulagement, puis des regrets, un peu de colère et de rancœur...

Une histoire banale et classique.
Mais une histoire qui va nous permettre de décortiquer un peu plus le fonctionnement de l'égo.
Donc, « tout allait bien » jusqu'à ce que je prenne en compte le fait qu'il y avait des « classes » qui hiérarchisaient les postes au sein de la Société. Plus la classe était importante, plus on avait « de la valeur » en quelque sorte... Plus le titre était prestigieux, plus on gagnait d'argent en général, plus les gens s'adressaient à vous avec « respect ». Ne dit-on pas : « le respect dû à son grade » ?
J'ai surtout commencé à y accorder de l'importance, et à croire que c'était « important ». Parce que je m'étais identifié « au personnage qui réussit, et qui gagne bien sa vie », mais surtout... « qui a des « promotions ». En croyant cela, « je ne me suis plus aimé ». Je n'ai plus aimé ce que j'étais (que je confondais avec ce que je représentais à mes yeux). Alors qu'un an auparavant, j'appréciais mon métier.
Rien n'avait changé pourtant. Je ne m'ennuyais pas. L'ennui n'est survenu qu'à

partir du moment où j'ai considéré que ce n'était « pas assez » pour moi.

En fait, à l'époque, je croyais encore trop souvent que j'étais ce que les gens voyaient ou pouvaient voir de moi. Même si au fond, je savais qu'il n'en était pas ainsi.
Mais je suivais les croyances ...
Certes, « jouer le personnage » me lassait régulièrement, mais « à la fin », c'est « lui » qui l'emportait ; le personnage « idéalisé » s'imposait. Il « me » faisait faire les choix de vie importants.

Je suivais l'égo plutôt que l'élan vital.

J'étais resté attaché aux croyances transmises (mais pas imposées) par mon environnement familial et social.
« Comment ça va ton travail ? », me demandait-on. Et je comprenais la question ainsi : « Quand auras-tu une promotion ? »
Quelques amis me disaient bien : « Il est super ton job ! ». Je disais « oui », parce qu'il faut « faire bonne figure ». Mais au fond, j'avais un peu honte. Je me comparais. Et je disais parfois pour me justifier : « Bientôt, j'aurai une promotion ».
J'ai voulu avoir « plus », et après avoir eu ce que j'imaginais être « plus », j'ai eu l'insatisfaction, les regrets et la déception.

Ce n'est pas grave, et cela est passé, donc cela n'existe pas maintenant. Mais ce fut une leçon. Et c'est anecdotique, car la vie nous amène de toute façon – qu'on le « veuille » ou non, que l'égo soit « fort ou non » – dans des situations dans lesquelles nous devrons choisir entre rester dans ses croyances ou lâcher prise.
Jusqu'au burnout parfois.
On sera automatiquement amené à accepter ou à résister. À rester accroché à nos croyances ou à nous en libérer. À continuer à croire qu'on est ce que les autres voient de nous, ou à nous connecter à l'essentiel, à notre nature authentique, à « ce qui est »... À demeurer dans l'erreur de considérer le bonheur comme quelque chose qui nous arrive ou à reconnaître qu'il est en nous.

*

Mais alors, revenons à la question posée au début de ce chapitre : si rester dans nos croyances nous fait souffrir, qu'est-ce qui nous empêche de les lâcher ?
La peur
C'est par la peur que l'égo « nous tient ».

Dans cette petite histoire, il y avait sans doute les peurs suivantes :
La peur de ne pas ou plus être admiré par mes parents.
La peur de ne pas être suffisamment considéré

par mon cercle amical.
La peur de ne pas pouvoir offrir à ma compagne tous les cadeaux et voyages qu'elle attendait de moi (ou que je croyais qu'elle attendait de moi).
La peur de ne pas être suffisamment séduisant.
La peur de ne pas être respecté par tous ceux que je croisais dans la rue et qui avaient « un beau costume ».
La peur de ne pas gagner assez d'argent afin de pouvoir un jour, acheter une « belle » maison, « à la hauteur » de ce que je croyais valoir dans cette société et de ce que je considérais alors comme « le lieu de vie qui permet d'être heureux », mais qui n'était en fait que la demeure physique du personnage que je voulais être.

Ces peurs se résument à une peur principale : la peur de ne pas (ou de ne plus) exister. Ne pas exister, parce qu'on ne serait pas aimé.
Car pour l'égo, être « aimé » signifie : « être considéré », par rapport à sa grille subjective et matérialiste de valeur.

Quitter ces croyances, laisser le personnage, nous met en panique. Parce qu'alors : qu'allons-nous « devenir » si on ne nous aime pas (si on ne nous montre pas qu'on nous aime), si on n'est pas (ou plus) ce qu'on croit (devoir) être ?

Plus on a peur, plus l'égo a de prise sur nous.

Plus on a peur, moins on est dans l'Amour.
Moins on a de peur, plus on est libre.
Pour paraphraser un pape célèbre qui contribua à ce que des millions d'êtres se libèrent du régime totalitaire dans lequel ils vivaient depuis si longtemps : « N'ayez pas ces peurs ! »
Ces peurs vous préviennent de la punition que vous risquez à fuir la prison (parfois dorée) dans laquelle l'esprit est enfermé. Les murs et les barreaux (virtuels) de cette prison : ce sont vos croyances.
Mais ces peurs ne vous défendent de rien. Elles ne protègent qu'une idée, un idéal, un rêve ou un cauchemar. Elles protègent le personnage.

Quand vous êtes présent, dans le moment présent, vous découvrez que ces barreaux n'existent pas, et il n'y a soudain plus de peur.
Libérez-vous des dernières croyances qui ne tiennent que grâce à ces peurs d'origine factice, ces « fake émotions ». Ce sont des peurs par procuration.
Répétez : « Cette peur n'existe pas vraiment. Elle n'existe que si j'y crois. ». « Cette émotion, je ne la ressens que parce que je crois que ce qui est derrière cette émotion existe et que c'est « important ».
Agir non plus selon la peur, mais selon la vie.

LES PEURS

Il y a la peur naturelle du corps, qui est une des manifestations de l'instinct de survie animal. Cet instinct de survie se manifeste dans des situations où notre intégrité physique est en danger. On ressent alors une peur physique. Mais cette peur n'est pas lourde et, en général, elle n'est pas durable. Elle nous pousse à (ré)agir. Cette peur peut se transformer chez l'humain en panique dès lors qu'on commence à « réfléchir » à la situation ou à l'interpréter. Cela se produit quand il y a une résonance entre la peur (du moment) vécue et certaines peurs ancrées, souvenirs d'expériences douloureuses auxquelles on a donné une signification.

Et il y a ces peurs liées à une situation qui menace, non plus le corps, mais le personnage.

C'est de cette peur que nous allons maintenant parler : « la peur égotique ».
La qualifier ainsi permet de la distinguer plus facilement de la peur naturelle.

La peur naturelle protège le corps.
La peur égotique protège le personnage.

Cette peur égotique crée « la souffrance de

l'Homme » : cette souffrance spécifique à l'humain qui est à différencier de la douleur. Cette peur a une origine factice, mais elle est pourtant ressentie émotionnellement et physiquement comme une peur « naturelle », même si, le plus souvent, elle sera interprétée comme « un état », déconnecté de l'aspect physique. On va dire : « Je suis inquiet », plutôt que « Je ressens de l'inquiétude ».

Cette peur égotique survient quand on n'est pas présent, lorsqu'on n'a pas l'esprit clair et en paix, lorsqu'on n'est pas clairvoyant. Elle s'appuie sur les réflexes de défense de l'égo par rapport aux personnages auxquels on s'est identifié.
Elle ne peut se manifester que si on vit dans le passé ou le futur, c'est-à-dire si on se juge, si on juge l'autre et si on a des attentes.

À partir du moment où on reste identifié « au personnage », la moindre réflexion qui « le » remettrait en question peut faire résonner cette peur. Elle s'est donc diffusée dans tous les compartiments de la vie des humains puisque l'humain est un animal social et bavard.

*

La peur de ne pas être aimé

Au départ, il y a ce raisonnement que l'égo nous a inculqué : « Si tu n'es pas aimé, tu n'existes pas. »
Tant de souffrances partent de cette erreur de l'égo. Tant d'incompréhension, de malentendus, de séparations, d'accusations, de reproches, de suicides, d'homicides, de guerres même...

L'égo, nous l'avons vu, ne connaît pas l'Amour. Pour l'égo, ce que perçoit l'esprit auquel il est aussi connecté, c'est une énergie de connexion, on peut la nommer « l'Amour », qui est l'expression aussi de « ce qui est » : l'Être, l'infini, Dieu, la Paix, et même l'âme. Cette énergie est sans cause, elle existe sans condition. Mais pour l'égo c'est inconcevable, car tout a une cause et tout doit avoir un sens.

L'égo est matérialiste.
Alors il apporte une réponse concrète et matérielle à « ce » que perçoit l'esprit. Et si on ne se connecte pas directement à cette énergie : à l'Amour, si on ne court-circuite pas le mental, on tombera dans le raisonnement et la logique. L'implacable logique de l'égo.
Et l'égo nous poussera à chercher des « preuves d'amour ». Un regard, une phrase, une caresse, un don du corps, un cadeau, un « like », un acquiescement verbal ou silencieux...

Et si on ne l'obtient pas, on en tirera la conclusion « qu'on n'est pas aimé ». Et on prendra peur, car on aura peur de ne pas exister. Cette peur nous conduira au repli sur soi, à la fuite ou à la contre-attaque. Elle conduira à la tristesse, la honte, les regrets, le rejet, la fuite... La nature des émotions est étendue, mais on en revient toujours à cette peur racine de l'égo.

*

Prenons un exemple tout simple :
Un homme envoie à une amie un SMS avec une photo de lui au bord de la plage avec le message suivant « Le bonheur ! ».
Que va-t-il se passer si son amie ne lui répond pas avec un message tel que : « Profite » ou « La chance ! » ou « Je prends l'avion et je te rejoins ! »
Mettez-vous dans la situation.
Que ressentiriez-vous si votre ami(e) ne répondait pas ? Sentez-vous cette petite peur derrière le besoin d'une réponse ? Et si au bout de quelques heures, on n'a pas de réponse, cette peur grandira. Et plus le temps passera et plus le malaise prendra de l'ampleur, même si on n'y pense pas vraiment. Tant qu'on attendra. Tant qu'on y accordera de l'importance.
Pour commencer, n'est-ce pas singulier ? Cette personne est là, au soleil, avec le doux et

régulier clapotis des vagues. Son corps reçoit l'énergie brute et authentique de la nature...
Et pourtant, soudain, sans que rien ne survienne en particulier, elle prend peur. Elle n'est plus « dedans », elle n'est plus « avec ». Elle a quitté l'espace harmonieux de la nature... pour celui, inquiet, du mental.

Notre « bonhomme » a demandé quelque chose et il attend quelque chose en retour. (En l'occurrence, « demande et tu recevras » peut-être une recommandation piégeuse si elle est au service de l'égo. Parce qu'avec lui, tout ce qu'on obtient au final, c'est de la déception ! Mais si on demande sans être « dans l'attente », c'est autre chose. On est alors dans l'élan vital.)
Qu'attend-il ?
Une réponse au SMS qu'il a envoyé et qui serait en fait une réponse à la question que susurre l'égo : « Est-ce qu'on t'aime ?» « Est-ce que ton amie t'aime ? » « Est-ce que cette relation avec elle est « encore » là ? » « Est-ce que tu es « toujours » aimé ? »
Il était « en Paix », c'est-à-dire qu'il était dans la « non pensée ». Il « touchait » au Bonheur et il a voulu lui donner un sens, selon l'égo.
L'état dans lequel il était ne suffisait pas. Alors, il l'a quitté. Parce qu'il a voulu donner un sens au Bonheur, parce que la Paix a soudain cédé la place à la peur, parce qu'il a voulu avoir une preuve matérielle que ce qu'il ressentait

« existe » ... Il est entré dans le monde de l'égo, et donc celui de la peur.

Le problème n'est pas de partager sa joie, c'est d'attendre qu'elle soit partagée.
Dès qu'on attend quelque chose, on est dans la peur. Celle que ce qu'on attend ne se produise pas. C'est mécanique. Et dès qu'on est dans la peur, on ne peut pas être dans l'Amour, on ne peut être en Paix. On écoute la voix du mental qui demande, qui exige même, des preuves.

Cette peur de ne pas être aimé résonne plus particulièrement dans certaines situations, comme celle de notre exemple. Mais elle est et elle va au-delà. Elle est permanente. On ne la ressent pas toujours parce qu'on est « occupé » : au travail, avec les enfants, lorsqu'on lit ou qu'on regarde un film. Alors, le mental est occupé (mais il enregistre).

Tant que l'on croira que l'Amour se mesure, s'exprime, se montre, qu'il doit forcément se partager avec celles et ceux qui symbolisent l'Amour (qui ne sont trop souvent que les partenaires de jeu du personnage).
Tant que l'on croira l'égo qui dit que l'amour est de ce monde et qu'il a une cause...
Tant qu'on ne sera pas prêt à tout accepter, tout vivre de la vie, tout pardonner...
On restera dans cette peur latente et permanente. Dans cette attente.

On fera les choses « à condition que », ou « à contrecœur ». On ne pourra vivre simplement les choses. Il faudra « partager ça », sinon « ça n'existe pas ».
Cette peur est bien entendu une forme de souffrance. Et plus on a d'attentes, plus on aura peur. Et plus on souffrira, lorsqu'on n'aura pas ces « preuves d'amour ».
Tout cela est lié à l'estime de soi dont nous parlerons plus tard.

La peur de ne pas être apprécié

Cette peur est la petite sœur de « la peur de ne pas être aimé ». C'est aussi la peur de ne pas être considéré, de ne pas être respecté.
C'est souvent la peur de ceux qui considèrent ne pas avoir été suffisamment aimés enfant, et qui n'ont pas fait « le deuil » de ce manque. Et ce manque doit donc être comblé selon la logique matérialiste de l'égo.
Dans sa manifestation la plus remarquable, c'est la peur des « ambitieux ». Pour eux, à un moment ou à un autre, le besoin de reconnaissance aura plus d'importance que le simple plaisir de créer et de contribuer. Alors ils commenceront à faire des compromis, à (se) mentir un peu... beaucoup.

Une gagnante d'un concours de beauté a annoncé qu'elle voulait « maintenant être la

meilleure version d'elle-même ». (Maintenant qu'elle avait gagné le concours.)
Quelle version ?
La meilleure.
Soit !

Pour ceux qui considèrent qu'ils n'ont pas reçu suffisamment d'amour, l'égo a trouvé la solution : la reconnaissance sociale. S'ils sont appréciés, ou même « mieux », « adorés » par un public, c'est qu'ils sont aimés tout court. Donc ils existent.
« Ouf ! », dit l'égo.
Sauf que...
Sauf que c'est faux.

Pour garder cette « affection », les personnes mues par la peur de ne pas être appréciées vont montrer et « donner le meilleur d'elles-mêmes » (processus qui se déroule aussi, souvent, dans les couples, lorsqu'ils se forment). « Ce meilleur », c'est ce que le public attend d'eux. Quitte à en « oublier de vivre », comme le chantait Johnny Hallyday. Quitte à devenir l'esclave de ce public devenu capricieux (l'égo est susceptible et il en demande toujours plus). Quitte à s'éloigner toujours plus d'eux-mêmes.
Pourquoi tant d'artistes, de patrons, de « leaders » politiques connaissent-ils la dépression lorsque le succès n'est plus au rendez-vous ? Lorsque « la situation » qu'ils

occupaient est perdue?
Vous le savez bien. Tout le monde le sait. Mais « on » n'en parle pas.
Le personnage que ces personnes « en déclin » croient être, ce personnage qui est apprécié et qui a du succès » ne peut plus s'exprimer.
Identifiés à ce personnage auquel ils ont tant cru et « qui se meurt », « ils » croient mourir eux-mêmes.
Et plus ils refuseront l'idée de lâcher ce personnage qui se meurt, plus ils souffriront. Jusqu'au désespoir, jusqu'à la dépression. Jusqu'au suicide parfois.

Plus on est allé loin dans le combat pour être aimé et admiré, plus le renoncement sera grand, plus le choix sera fort.

En général, c'est l'échec qui provoque la métamorphose : ce lâcher-prise radical du personnage. En effet, tant que « ça semble marcher », tant qu'il y a des « hauts » qui font oublier « les bas », les gens ont tendance à continuer et à s'accrocher.
C'est un peu ce qu'exprime Daniel Balavoine dans sa chanson qui a connu tant de succès, Le chanteur :
« Et puis l'année d'après
Je recommencerai.
Et puis l'année d'après
Je recommencerai.
Je me prostituerai

Pour la postérité. »
Mais un jour, il n'y a plus de « hauts », en tout cas, plus suffisamment, pour continuer à « y croire ».
Ce n'est « si douloureux » que parce qu'ils sont identifiés au personnage et qu'ils ont l'impression de ne plus être « personne », de ne plus « rien » être. De ne plus être bon « à rien ». De mourir en quelque sorte.
Et parce que l'égo veut avoir raison « jusqu'au bout », on en arrivera même à vouloir « mourir malheureux », pour « ne rien regretter ». Mais en fait, c'est pour donner raison au personnage qui dit que « la vie ne vaut la peine d'être vécue que si on a du succès ».
C'est lorsque « l'échec » est reconnu comme une impasse et non plus comme une défaite qu'on peut passer à « autre chose ».

Lorsqu'il n'y a plus de peur de ne plus être apprécié, lorsqu'il n'y a plus ce besoin d'être apprécié, comme par miracle, on s'apprécie d'une façon nouvelle.
On commence aussi à apprécier ce qu'on avait oublié d'apprécier. Et de nouvelles relations sont créées, qui ne sont plus basées sur le besoin, l'envie ou l'admiration, mais sur la contribution et la confiance.

La peur de perdre

La peur de perdre, c'est aussi celle de ne pas ou de ne plus posséder. Elle provient de la croyance qu'on existe si on est « ceci » ou si on possède « cela ». Et dans le monde matériel et matérialiste qui est le nôtre aujourd'hui, il y a des symboles qui... matérialisent chaque identité. Le père, la mère, le riche, le professionnel, l'ami, le propriétaire, le champion, le spécialiste, le canon de beauté, la situation, le titre...
« Si j'ai ça, alors je suis ça.
Et si je suis ça, je dois avoir ça.
Et si je n'ai pas ça, alors je ne peux pas être ça.
Or, je veux être ça ! »
On a pris le package complet concocté par l'égo avec ses « outils » basiques que sont l'identification, la signification et la comparaison.
« Tu es aimé, tu existes, tu es en sécurité, si tu es ceci ou cela.
Et si tu es ceci, tu dois avoir cela.
Et si tu as cela, alors tu es ceci. »
On s'est identifié à ce « personnage public » et on panique si on n'a pas les attributs que la société lui confère au travers de tous ses codes, croyances, significations et symboles.

Le flamant rose mâle, pour être attractif auprès d'une femelle, « doit » se parer au maximum d'une coloration... rose sur son plumage. S'il ne l'a pas, il ne sera pas attractif.
Le flamant rose n'a pas peur de ne pas être

« suffisamment rose ». Il n'a pas besoin d'apparaître comme autre chose qu'il n'est. Il ne va se peinturlurer en rose. « Il fait de son mieux » pour être rose, mais au final, il l'est ou il ne l'est pas. Cela ne va pas plus loin pour lui. Car il ne projette pas. Il ne « pense » pas à l'avenir. Il ne vit pas pour faire plaisir à un personnage.
Il vit dans le présent, le flamant.
Et quoiqu'il advienne, il voit la vie en rose !

*

Être reconnu.
Au sens propre, c'est être identifié par son visage, sa voix...
Dans son sens figuré, on va être « reconnu » par et pour des qualités auxquelles un certain public, un groupe social (amical, professionnel, artistique...), accorde de l'intérêt et de l'importance.
Et bientôt, surviendra la peur de ne pas avoir « d'attributs de la considération et de l'affection » suffi-samment attractifs.
Et ensuite surviendra la peur de ne pas avoir ou de perdre. Perdre son emploi, perdre « sa maison », perdre « sa femme » ou « son mari ». Perdre « son niveau de vie », « ses amis ». Parce que, susurre l'égo : « C'est tout cela qui fait ce que tu es. »
Quand on ne s'identifie pas à ce que l'on est socialement, quand on est connecté

directement à la source : à l'Amour, à « ce qui est » : alors on n'a pas peur de « perdre ». Parce qu'on sait qu'on ne « possède » rien en particulier.

Il y a un rêve assez fréquent :
On doit aller à un événement qui nous tient à cœur et on se rend compte qu'il nous manque les outils, les affaires, les attributs pour y participer. Pour faire partie du groupe.
On cherche, on cherche... Le temps passe, et on manque l'événement. On est exclu du groupe et on manque ce qui devait nous apporter de la joie.
Qu'est-ce que cache ce rêve ?
La peur de ne pas avoir ce qu'il faut pour être ou vivre ce que l'on a envie d'être ou de vivre.
La peur de ne plus « exister ».

Lorsqu'on a plus rien à perdre, parce qu'on sait qu'on ne possède véritablement rien, et lorsqu'on sait qu'on a tout – que tout est - en nous et autour de nous, et que « cela » n'est pas fait de matière, de symbole ou d'argent... on ne fait plus ce genre de rêve et on n'a plus peur de perdre ou de ne pas « avoir ».

La peur d'être découvert

Cette peur est présente et quasi-permanente chez la plupart des gens.
Le jour où on parvient à quitter cette peur, un grand pas vers la liberté, donc le véritable Bonheur, aura été fait. Parce qu'on ne vivra

plus dans la peur que ce que l'on cache... se sache.
Qu'est-ce que cette peur ?
Ce n'est pas la peur de l'enfant qui craint de se faire prendre alors qu'il va chiper un gâteau dans la cuisine.
Ce n'est pas simplement la peur du salarié qui redoute que son patron ne découvre qu'il a fait une erreur dans un dossier. Ou même la peur de celui ou celle qui cache à son mari ou sa femme « une autre relation ».
Ce sont là des manifestations plus ou moins « légères » d'une peur bien plus profonde : la peur que les autres découvrent que l'on n'est pas ce que l'on voudrait qu'ils croient que nous sommes.
La peur d'être découvert, c'est tout simplement la peur que les autres nous voient tels que nous sommes dans notre plus simple authenticité. Authenticité dont le prix à payer serait forcément de renoncer à beaucoup de choses auxquelles on « tient » et auxquelles on continue à s'accrocher parce qu'on croit qu'elles sont indispensables à sa vie. C'est la peur d'ôter son masque.
Il y a une citation fameuse du Cardinal de Retz, prisée par les politiques : « On ne sort de l'ambiguïté qu'à son détriment. »
On se construit un personnage.
On s'identifie à un personnage.
« On est » ce personnage. On croit qu'on l'est, et on fait tout pour que les autres le croient.

Et on a peur des conséquences qu'une « mise à jour » de la vérité provoquerait.
Ce personnage est le fruit de nos croyances, de notre histoire, de certains de nos désirs. Ce personnage fait qu'on n'habite plus chez soi, en « la Maison », mais chez ce personnage. Il nous a kidnappés et le pire, c'est qu'on n'ose le dire à personne, et surtout pas à soi. Parce que souvent, on ne sait même plus qu'on existe.
Il y a sans doute quelque chose du syndrome de Stockholm dans ce processus. C'est ce syndrome qui fait que des personnes kidnappées développent de l'affection pour leur geôlier. Il y a surtout la croyance, profondément ancrée, que c'est grâce à ce personnage qu'on est en vie. Comme un kidnappeur peut « apparaître » comme le bienfaiteur par le kidnappé...

Que les autres nous voient « comme ceci » ou « comme cela », « c'est leur problème ». Mais pourquoi continuer à jouer ce jeu de dupes ?
C'est vrai qu'en ce monde, être totalement soi, vivre selon « ce qui est », aura des conséquences pratiques.
Mais quel est le prix à payer pour continuer à faire « bonne figure » ?
La plupart des gens paient toute leur vie terrestre ce prix. Ils travaillent « durs » et font beaucoup de « sacrifices » pour gagner suffisamment d'argent afin, au final, de pouvoir « payer ce prix ».

D'autres, un jour, n'ont plus peur d'être découverts tels qu'ils sont. Ils n'ont plus peur de se découvrir auprès des autres... et à eux-mêmes. Et alors, toutes les peurs disparaissent. Et alors, ils découvrent que le prix à payer n'était pas si grand et qu'en échange, ils reçoivent bien plus : la Paix et l'harmonie.

Avant d'accéder à cela, ils auront peut-être fait ce rêve assez fréquent chez les humains de se retrouver nu au milieu d'autres personnes qui sont, elles, habillées.
C'est sans doute la peur d'être reconnu qui s'exprime au travers de ce rêve.
C'est Adam et Ève qui ont croqué la pomme de l'arbre du bien et du mal (c'est-à-dire de l'égo) et qui soudain ont honte. Honte d'être ce qu'ils sont en vérité. Ils couvrent alors ces parties de leur corps les plus intimes comme on cache aux autres sa véritable nature. Nature qui est d'ailleurs exactement la même que la leur. Sauf que quand (presque) tout le monde fait semblant, il faut un peu de courage pour ne plus faire semblant.
Nul besoin toutefois de se promener nu au milieu de la foule comme dans le rêve !
Juste un peu de courage. Ce courage, c'est dire « oui » quand c'est oui, « non », quand c'est non, et « peut-être » quand on ne sait pas.

La peur de manquer

Nos ancêtres ont sûrement connu cette peur : celle de manquer. Quand les réserves de nourriture s'amenuisaient et qu'un froid polaire ou une sécheresse se prolongeaient outre mesure.
Cette peur survenait occasionnellement. Mais régulièrement. Au rythme des saisons. Elle a dû s'installer de façon permanente chez certains humains, à une certaine époque que j'ai déjà évoquée, lorsque le climat a changé dans certaines régions où vivaient ces humains. Ils ont ensuite propagé ces graines de « la peur de manquer » auprès des autres humains en imposant des systèmes moraux et politiques basés sur la propriété, le contrôle et le statut social.
Et comme l'imagination humaine est sans limites, qu'on peut posséder tout et n'importe quoi, en conséquence, on va avoir peur de manquer de tout et de n'importe quoi.
Cette peur de manquer s'est diffusée dans tous « les domaines de la vie ». Elle est devenue quasi permanente, le plus souvent inconsciente et souterraine.

J'ai vécu et travaillé quelques mois dans une ferme avicole agronomique.
Les poules caquettent, picorent, dorment et pondent des œufs. Chaque jour, un petit événement survient, qui vient perturber le « ronron » de leur paisible vie. Non, ce n'est

pas le chat qui se mêle souvent à elles et qu'elles ignorent. Elles craignent plus le renard. C'est « l'éleveur » qui arrive et leur apporte leur pitance. Les poules se dirigent alors vers lui, s'agglutinent le long de la barrière, afin d'être les premières servies.
Parfois, on assiste à une scène curieuse. Une poule, qui était à l'écart, n'a apparemment pas noté l'arrivée du nourricier. Au bout d'un moment, elle aperçoit l'attroupement des autres poules. Elle semble paniquer un peu, et se met alors à courir – dans ce style si caractéristique – vers le groupe.
« J'ai dû louper quelque chose ! Attendez-moi ! », semble-t-elle crier.

Eh bien, les humains sont comme ces poules. (Il n'y a rien « de mal » à se comporter comme une poule, simplement il est cocasse de noter que l'humain se plaît souvent à se moquer de leur démarche et de leur « soi-disant » bêtise.)
En permanence.
Pas seulement pour manger.
Pour tout et n'importe quoi.

Lorsqu'on aperçoit un attroupement, lorsqu'un bruit particulier se manifeste, lorsque devant nos yeux, apparaît un signe remarquable, on croit soudain qu'on va « louper » quelque chose, qu'on va manquer le truc qui va changer sa vie.
C'est la peur de manquer. La peur de « rater »

une bonne occasion, une bonne affaire. Peur de ne pas être « au courant » de l'information dont tout le monde va parler. Peur de ne pas faire partie du groupe. Peur d'être en retard, de ne pas avoir sa part du gâteau. Peur d'en avoir « moins » que les autres. Peur de ne pas être « à la mode ». Peur de ne plus avoir d'ami et donc, peur de la solitude.
C'est l'égo qui provoque la panique.
Les commerçants, les entreprises, les médias, l'État jouent sur ces peurs. Ainsi en est-il des soldes, des promotions spéciales, des séries exclusives, de l'annonce télévisée de 20 heures qui va changer la face du monde et votre vie, du stock limité de vaccin contre une nouvelle forme de grippe...
Et plus ça va, plus le monde fonctionne ainsi.
Bien sûr, parfois, il y a des « économies » à faire, des « occasions » à saisir, des raisons de se protéger. Mais le plus souvent, on ne réfléchit pas, on réagit à un stimulus sans prendre le temps de se poser les questions suivantes :
« Qu'est-ce qui me met dans un tel état ? »
« Est-ce que j'en ai vraiment besoin ? »
« Est-ce bon pour moi ? »
Car le plus souvent, on ne fait pas de vrais choix conscients : on suit les désirs des autres. Et surtout celui de « l'autre » en nous, ce personnage qui croit que « posséder » (ou « être reconnu » dans ce cas), c'est exister.
On obéit à des besoins impulsifs motivés par la

peur et l'envie.
Et on se retrouve endetté. On embarrasse sa demeure d'objets inutiles. On perd son temps. On ne vit pas sa vie. Et on regrette ensuite. Une sourde colère peut même poindre le bout de son nez.

La question n'est pas de savoir qui de l'œuf ou de la poule est responsable de cela : vous ou ceux qui vous sollicitent ?
Non, la question que l'on doit se poser est la suivante : « Comment sortir de cette peur de manquer ? »

Soyez honnête avec vous.
Restez conscient et connecté à vous-même.
Prenez toujours le temps avant de décider, à chaque fois qu'une sollicitation vous est présentée sous la forme d'une offre, d'une proposition, d'un événement (à ne pas manquer).
Respirez plusieurs fois, calmement, mais intensément, ressentez l'air qui gonfle vos poumons, ressentez « ce qui est » et qui est alors plus fort que ce petit besoin impétueux qui est vous est proposé par votre mental.
N'ayez plus peur d'être différent. D'agir différemment.
Comprenez que le vrai bonheur ne dépend pas de telle ou telle « bonne » affaire, d'avoir ou de ne pas avoir. Compenser un coup de blues par un achat n'est jamais la solution.

Traitez le problème à sa racine : quelle peur se cache derrière votre besoin ? Quel personnage vous dit : « il faut que » ?
Identifiez-les. Et lâchez prise.
Il ne restera ensuite que les besoins primaires et essentiels de la vie.

La peur de la mort

Il y a deux morts chez l'être humain.

La première mort, la plus « connue », c'est celle du corps. Mais ce corps ne meurt pas vraiment. Les cellules qui constituent le corps vont se recycler et se transformer pour créer d'autres formes de vie ensuite.
Même si « on sait cela », Il est naturel de ressentir de la douleur, et parfois d'être « bouleversé » par le décès d'un être cher. Parce que l'humain est « un animal social ». Mais cette peine et cette douleur se transformeront en colère incontrôlable, en désespoir ou en dépression, si on refuse l'idée de la mort.
Au-delà de ces épisodes douloureux de la vie.
Hormis ces instants où un danger immédiat survient, qui déclenchent les réflexes de survie, ce qui passe par cette intense sensation de peur dans le corps, mais aussi cette présence et cette clairvoyance de l'animal qui veut survivre...
À part ces situations particulières...

Il y a cette peur permanente et, le plus souvent, refoulée, de la mort du corps. Cette peur est si prégnante parfois pour certaines personnes, que la mort en devient un sujet totalement tabou. Mais plus elle est taboue, plus la peur à son égard se renforce. C'est le refus et c'est le déni. « Ça ne doit pas exister, ça ne devrait pas exister, c'est inacceptable, c'est injuste. »
Il y a cette croyance que « c'est terrible de mourir ». C'est une croyance. Il n'y a rien de « terrible ». C'est ainsi. Bien sûr, il est naturel de ressentir la peur de mourir, mais croire que « c'est terrible », c'est s'assurer de vivre « dans la peur » continuelle de la mort, même quand elle ne rôde pas autour de soi.

Plutôt que de lutter contre cette idée et d'en faire ainsi un sujet tabou, il faut « accepter l'idée ». Accepter l'idée, ce n'est pas « aimer » la mort, c'est aimer la vie, puisque les formes de vie ici-bas, intègrent en elles une « naissance » et une « fin ».
Quand on ne pense pas, quand on n'est pas dans le futur ou le passé, il n'y a plus cette peur permanente de la mort.
Quand on est pleinement présent, on ne rentre pas dans les scénarios dramatiques du mental conditionné par des milliers d'années de superstitions au sujet de la mort.
Quand on est dans « ce qui est », lorsqu'on se déconnecte du mental et qu'on se connecte à « Soi », on sait que « tout cela » n'est qu'un

accomplissement, qu'il n'y a pas vraiment de début ni de fin. On sait « qu'on est » déjà « mort » alors qu'on est « en vie ».

L'interprétation des 4 saisons, lorsqu'elle est prend fin, n'a pas pour conséquence de faire disparaître le chef-d'œuvre de Vivaldi. Les concertos pourront être interprétés éternellement de mille et une façons. La mélodie est là, même quand elle n'est pas jouée.
Ainsi en est-il de la vie, ici, qui est une manifestation de ce qui est, au-delà du temps.

*

Il y a une seconde mort chez l'humain. Elle précède parfois chez certaines personnes la mort du corps.
C'est la mort du personnage.
C'est la libération de l'égo.
Quand l'illusion du personnage auquel on est identifié prend fin.
Et elle prend fin, justement, lorsqu'on revient à soi-même, à la réalité de la vie. Lorsqu'on prend véritablement et pleinement conscience que, jusqu'alors, on a vécu pour satisfaire les injonctions automatiques du mental et de ses croyances. Cela arrive donc, quand on quitte le personnage multiple qu'on croyait être et qu'on défendait bec et ongle, quitte à souffrir inutilement.

Cette mort, c'est la fin de la souffrance de l'Homme.

Mais avant que cette mort, qui est aussi libération, ne survienne, il y aura forcément de la souffrance. L'intensité de la souffrance sera d'autant plus grande que l'on résistera, qu'on défendra le personnage.

On parle parfois « de pulsion de mort ». Mais qu'est-ce que la pulsion de mort si ce n'est l'envie de « se » tuer parce qu'on ne serait pas ce qu'on voudrait être ? N'est-ce pas le personnage auquel on est trop fortement identifié qui veut tuer ce qui l'empêche « d'être » : le corps, sa nature et son caractère ? Cette colère et cette envie de violence peuvent d'ailleurs facilement se réorienter vers « les autres ». De la victime au coupable...

C'est le personnage qui doit disparaître.
Pas le corps, pas le caractère.
Cette disparition créera la vie, comme, dans le monde du vivant, la (re)naissance et la mort créent la vie. Cette mort, c'est aussi « la résurrection », la rédemption, l'éveil.

EXERCICE DE PRÉSENCE
LA PHOTO

Choisissez une photo qui vous rappelle un « bon souvenir » ou bien qui fait résonner en vous l'affection. Une photo imprimée ou enregistrée « dans » votre smartphone, votre tablette ou votre ordinateur.

Regardez-là attentivement.

Que ressentez-vous ?
De « l'amour » ? De la compassion ? De la joie ?

N'y aurait-il pas aussi une pointe de regret ?

Comment est-ce possible ?
Pourquoi cette image que vous regardez et qui vous rappelle un bon souvenir, peut-elle aussi créer du regret et donc une certaine forme de souffrance ?
Reconnaissez-vous ce lien direct entre « précieux souvenir » et regret ?
Voyez-vous que le « bonheur auquel on a donné du sens » crée ensuite automatiquement une souffrance, aussi légère soit-elle ?

Regardez maintenant la photo tel l'observateur. Regardez-là objectivement, mais avec bienveillance. Juste les couleurs, juste les personnes qui y figurent, sans aller dans la signification ou l'identification, c'est-à-dire c'est « moi », c'est « ma » famille, « mes » amis, c'est le paysage que « j'aime ».

Parvenez-vous à regarder la photo de cette façon ou y a-t-il une force irrésistible qui vous pousse à ne pas pouvoir regarder ainsi la photo ?
Si vous y parvenez (et vous pouvez le faire), que ressentez-vous ?

*

Maintenant, cela va être un peu plus difficile.
Un dernier effort comme un effort physique qui vous permettra de faire franchir un cap à votre corps. Là, il s'agit de franchir un cap sur le plan de la libération de l'esprit.
Rappelez-vous qu'il faut « déconstruire » le fonctionnement automatique du mental, et cela demande un petit effort, un peu de volonté et de courage.

Donc...
Envisagez maintenant de supprimer cette photo, de la déchirer, ou de l'effacer.
Eh oui, je vous avais prévenu ! Ça peut choquer « les âmes sensibles ».
Que ressentez-vous soudain ?

Essayez d'y rester quelques secondes.

Ne serait-ce pas un réflexe de rejet de l'idée même ? Le sentiment que supprimer cette photo serait comme porter atteinte aux personnes ou au paysage qui s'y trouvent ? À les trahir même ? À commettre presque... un crime ?
Il y a aussi peut-être de la révolte et de la colère... Comment peut-on me demander de faire cela ?
Ce n'est pourtant « concrètement » que du papier ou un peu d'espace mémoire sur le disque dur de votre appareil.
Et pourtant...

*

Je vous rassure si besoin est, l'exercice n'est pas de « le faire ».
C'est simplement de voir tout ce qui peut encore vous attacher au passé.
C'est de percevoir à quel point on donne du sens à certaines situations, certaines relations.
À sa représentation sur un objet, un bout de papier ou une image.
À quel point cela peut être ancré en nous et à quel point, on peut être bouleversé ne serait-ce qu'à « l'idée » d'effacer la trace physique d'un souvenir auquel on accorde beaucoup d'importance.
Ce n'est pas grave.

C'est normal.
Vous pouvez alléger tout cela petit à petit.

Vous pouvez par exemple dès maintenant faire un « nettoyage photo », en supprimant toutes ces photos auxquelles vous ne tenez pas « tant que cela ».
C'est un bon exercice et en général, après, on se sent plus léger.
Le faire vous fait reprendre le pouvoir sur votre mental qui résistera, car le mental adore rester dans le passé. C'est le personnage qui dit : "c'est moi, ce passé », et qui veut survivre. Mais ce personnage est un poids. Et ce personnage occupe l'esprit.
Si vous le faites toutefois, le corps vous remercie alors, car il portait en lui toute la signification que vous donniez encore au fait de garder tout cela.
L'esprit accède aussi à plus de clarté. Ce sont des souvenirs et des attachements en moins qui viendront aérer le mental et libérer un peu plus l'esprit.
Tous ces symboles du passé, vous vous en êtes débarrassé.
Vous venez de choisir le présent.

L'ESPOIR

L'espoir, c'est l'attente que quelque chose de souhaité se réalise.
Mais ce n'est pas que cela.
Côté pile : il y a ce parfum de « bonheur attendu ». Bonheur qui dépendrait de l'issue de la situation en question. Et côté face, une peur plus ou moins latente et soutenue, que ce qui est souhaité ne se réalise pas.
Et si « cela » ne se réalise pas », on parle alors « d'espoir déçu ». Et plus on avait placé d'espoir, plus on avait donc d'attentes, et plus on est déçu si « ça ne marche pas ».

Les poules de la ferme ne vivent pas dans l'espoir. Certes, ces êtres, domestiqués par l'humain, attendent la pitance quotidienne. Il y a une excitation lorsqu'on approche avec les seaux. Mais cette excitation apparaît lorsqu'elles voient les seaux. C'est tout à fait naturel. Le reste du temps, elles vaquent à leurs occupations. Sans que leur esprit ne soit occupé par un quelconque espoir de jour meilleur. Quand il pleut, elles se réfugient dans leur cabane. C'est tout. Elles ne se disent pas : « Quel sale temps, j'espère qu'il fera beau demain ! ». Elles ne sont ni tristes, ni contrariées, ni déçues.

C'est tellement plus simple.
Trop simple pour les humains.
Car l'humain ne peut s'empêcher, lui, le plus souvent, d'espérer. Ne dit-on pas que « l'espoir fait vivre » ? Mais l'espoir ne fait vivre que le personnage. L'espoir ne fait vivre que le personnage auquel on est identifié et qui croit que le bonheur passe par « ceci » ou « cela » et ne pourra se réaliser qu'à condition que certaines circonstances soient réunies... dans l'avenir.

*

Il y a toujours un ou plusieurs espoirs qui pèsent sur l'esprit des gens en permanence. Ce sont des espoirs qu'on a créés, qu'on a « placés », pour donner un sens à la vie et lui donner plus de piquant, mais aussi pour apaiser la petite ou la grande « souffrance » du quotidien...
Et ce qui est remarquable, c'est que souvent, cette souffrance tire son origine d'un espoir déçu. Parce que l'on continue à croire que « le meilleur est à venir ». Parce qu'on n'aime pas (assez) ce qu'on vit, « ce qu'on a » ... en fait, ce qui est. On ne l'aime pas, en ce sens qu'on ne s'en satisfait pas.
On n'est pas présent.
On n'est plus vraiment là.
Cela crée une absence à soi, une déconnexion à ce que l'on vit dans le moment présent.

On est dans un « idéal de vie » à venir. Cet idéal dans lequel « les choses se feront » comme « on aimerait » qu'elles se fassent. Cet idéal, c'est la vie idéale du personnage. C'est l'égo, qui est constitué des croyances relatives au futur.
Et pourquoi est-ce un « problème » ?
Parce que cela crée de la souffrance.
Déjà une tension permanente générée par des pensées en arrière-plan de tout ce que l'on vit. Ce sentiment, cette peur en fait, que notre vie dépend un peu, jusqu'à totalement parfois, de ce qui se passera plus tard.
Ensuite, parfois, le désarroi, l'incompréhension, un sentiment d'injustice, jusqu'à la colère ou même la rage, un besoin de se venger du sort ou de « ce » qu'on aura désigné comme le coupable. En l'occurrence, lorsque l'on croit que sa vie dépend totalement de quelque chose de spécifique qui devrait arriver... et que cela n'arrive pas, on en arrive alors au désespoir.

*

Il est difficile de sortir de la logique de l'espoir. Toute la vie d'humain est marquée par les espoirs.
Dès son plus jeune âge, l'enfant rentre dans ce « monde parallèle » de l'espoir. Dès lors qu'on lui dit « plus tard, tu auras cela », « plus tard, tu pourras faire cela », « plus tard, tu seras cela ». Il y a aussi l'espoir conditionné : « Si tu

fais cela, alors tu auras cela. ». Jusqu'à donner l'espoir d'être aimé à condition que : « Si tu travailles bien à l'école, on ira ensemble au cinéma. ».
Et ça se propage peu à peu à tous les domaines de la vie.
Et toute sa vie, on attend.
On oscille constamment entre satisfaction et déception. Joie et tristesse. Optimisme et pessimisme. Les montagnes russes de l'humeur.
Si un espoir ne « marche » pas, la déception et la colère passées, on passe à un autre espoir. Et même si l'espoir s'est matérialisé, on ne s'en satisfait qu'un temps. Il faut un autre espoir pour pimenter la vie.

*

L'espoir est le sel de la vie inconsciente.

Il apparaît pourtant si beau ce mot : l'espoir. Si... prometteur. Mais les promesses n'engagent que ceux qui y croient.
L'espoir est peut-être la plus décevante des tentations. C'est même dans son ADN de décevoir. Et à la fin, la souffrance est toujours au rendez-vous.

Vivre dans l'espoir est une dépendance.
Un abandon de sa responsabilité sur sa vie.
C'est partir du principe que le bonheur ne

dépend pas de soi, mais des circonstances à venir. Que le bonheur n'est pas ici et maintenant, mais plus tard : « à condition que ». On peut vivre avec bien sûr. La plupart des gens vivent ainsi et « font avec ». Parce qu'ils ne veulent pas renoncer à croire au « dieu espoir ». « Croyants ou non croyants », ils prient, ils implorent. Ce faisant, ils se positionnent en future victime (« je n'ai pas eu ce que je mérite. »).

*

Si vous voulez quitter le piège, il faut reconnaître que l'espoir est un piège.
Décider, ne plus croire à l'espoir.

Vouloir et ne plus espérer.

Voilà la clé.
Et à chaque fois que l'idée d'un espoir apparaît à son esprit : la laisser filer.
Ne plus vivre dans l'espoir, ce n'est pas être désespéré. On n'est désespéré que si on reste accroché à un espoir impossible.
Ne plus vivre dans l'espoir ne veut pas dire devenir indifférent. Au contraire, on prend tout ce que la vie présente à soi. On l'accueille, on le vit pleinement. Et lorsqu'on veut quelque chose, on le veut parce que c'est naturel, c'est l'élan vital qui s'exprime.

LA FOI

Vouloir et ne plus espérer.
C'est préférer la foi à l'espoir.

La foi, c'est savoir qu'on est « un ». C'est avoir reconnu cette unité.
L'espoir, c'est rechercher « ailleurs » l'unité.

Avoir la foi, c'est savoir.
Avoir de l'espoir, c'est croire.

Si « on a la foi », on vit dans ce qu'est réellement « le paradis » : en présence.
Si on est dans l'espoir, on attend « un certain paradis » : on vit dans l'attente.

Avoir la foi, c'est accepter plaisirs et douleurs de la vie. Parce qu'il n'y a pas d'idéal là où il n'a pas de jugement et de comparaison. Il y a « ce qui est », et « ce qui est » est parfait, puisque rien d'autre n'existe vraiment.
Vivre dans l'espoir, c'est courir après les plaisirs et fuir la souffrance. Parce qu'il y aurait le bien et le mal, un idéal et un inacceptable.

La foi, c'est accomplir « le geste parfait » : parce qu'il provient de l'élan vital, parce qu'on ne se demande donc pas « comment » le faire, et parce que, lorsqu'on l'effectue, on n'est pas en train de se préoccuper de ce qui adviendra ensuite.

Alors qu'on lui demandait quel jour le Royaume (le paradis) viendrait, Jésus aurait répondu : « Ce n'est pas en guettant qu'on le verra arriver. On ne dira pas : le voici, il est ici ! Ni : voici le moment ! Le royaume du Père s'étend sur la terre, mais les hommes ne le voient pas. »

La foi, c'est en quelque sorte le libre arbitre qui s'exprime sans filtre.
C'est la volonté de rester dans « ce qui est », alors que nos sens ne peuvent le percevoir précisément ni les mots le décrire distinctement.
C'est l'énergie originelle qui meut chaque être de l'univers lorsqu'il est « dans la vie ». Afin qu'il s'accomplisse dans ce qu'il a à vivre. Mais cette énergie peut devenir le moteur de l'ambition, de l'avidité, puis de la honte et de la colère lorsqu'elle est au service d'un personnage (auquel on se serait identifié), et non plus de la vie. Cette énergie est alors détournée au service de l'égo.

Laissez la foi originelle revenir à vous et ne la quittez plus.

LES PLAISIRS ET LE BONHEUR

Il y a cette grande confusion : on prend le plaisir pour le bonheur.
On prend la manifestation de ce qui est, pour ce qui est.

*

Les humains ont faim de plaisirs, et cette faim est insatiable. Elle engraisse l'égo et prive l'esprit de sa nourriture essentielle : la légèreté.
Tant qu'on croira (toutes) « ses pensées », on confondra plaisir et Bonheur. Car une des pensées favorites de l'égo est : « Tant qu'il y a du plaisir, il y a de la vie ». Il en faudra donc « toujours plus ». Ce ne sera jamais assez. Sitôt passé le plaisir, la quête d'un futur plaisir survient.

*

Observez un paysage, pas forcément un panorama exceptionnel, avec la panoplie complète de l'eau, la montagne et la forêt : un jardin, un petit parc suffisent, et laissez-vous surprendre par la beauté de la Nature. Accueillez le Bonheur. Ressentez la Joie.

Sans pensée. Sans commentaire.
Si vous n'avez pas de nature « à portée de regard », si vous êtes en ville, s'il fait nuit. Ouvrez un livre ou « allez sur internet » et regardez une œuvre de votre peintre « favori ». Regardez sans chercher à comprendre, sans commenter, sans comparer... Juste accueillir et ressentir. Cette sensation profonde, certes diffuse, mais puissante, qui émerge lorsque vous n'êtes pas spectateur, mais que vous êtes partie intégrante du « tableau ». Cette beauté qui n'existe que parce que vous la voyez.
Percevez ce que cela exprime en vous.
Cette sensation, c'est « cela ».
Rien d'autre.
Car l'excitation qui s'en suit, les « Oh que c'est beau ! », les « Faut que je prenne une photo », ou « Il faut que j'en parle à... » ...
Ce n'est plus « cela ».
C'est autre chose et ça couvre le fond. C'est l'écume alors qu'il y a l'océan.
Ce n'est pas grave. Rien n'est grave. Il faut juste en être conscient.

*

Comme l'Amour est aussi la Vie, le Bonheur, est aussi la Paix. C'est l'état dans lequel on est quand on est en harmonie avec son corps, la nature, l'univers et au-delà encore. C'est être dans « ce qui est ».
On ne peut pas être déçu par le Bonheur

« authentique ». Car si on est vraiment dans le Bonheur, on n'a aucune attente. On n'y confère aucune signification.
Choisissez ce Bonheur.
Ayez la foi en quelque sorte.
Acceptez et intégrez l'idée que c'est « ça » le Bonheur. Sinon, le Bonheur ne sera plus le Bonheur, ce sera « les bonheurs », c'est-à-dire les plaisirs.

Il ne s'agit pas d'opposer plaisir à Bonheur.
Il n'y a rien à opposer, plaisirs et Bonheur ne sont simplement pas de la même dimension.
Le Bonheur est toujours là. Il y a juste à couper le son du mental. Il est ici, partout, maintenant et toujours. Mais cela devient du « bonheur selon l'égo » si on lui donne du sens et qu'on le rapproche à des « situations de vie ». Quand on va se dire : « C'est ça la vie », « Quel pied ! »
Quand on interprète les plaisirs, quand on s'abandonne au plaisir en le vivant comme le Bonheur », on se quitte. On quitte le Bonheur.
On rentre dans le cercle « vicieux » des plaisirs et des insatisfactions.

Nul besoin de supprimer ou d'éviter les plaisirs comme le recommandaient certains.
Lorsque les plaisirs du corps se présentent à vous : appréciez ! Dites merci !
Mais ne courez pas après. Car alors, le risque est de « tomber » dans l'addiction. Les addictions commencent quand on prend le

plaisir pour le Bonheur. Et si on n'a pas ou plus ces plaisirs, on sera vite frustré. Parfois, jusqu'à la dépression, car on peut s'identifier profondément à un plaisir. Et si ce plaisir ne peut plus être vécu (un changement soudain, un accident, la vieillesse du corps...) alors on peut en arriver à ne plus trouver aucun « sens » à la vie.

*

La peur de l'ennui, c'est aussi la dépendance au plaisir. Parce que, s'il n'y a pas de plaisir, s'il n'y a pas d'émotion... C'est le vide. Ce n'est « pas le bonheur ». C'est « le malheur ». C'est la mort. Panique à bord : « Allez, je vais « checker » mes mails ! »
L'ennui est pourtant le passage obligé, pour reprendre le pouvoir sur le temps. À condition qu'il ne soit plus considéré comme de l'ennui.

Toutes ces souffrances, ces petits maux de vivre, ces frustrations, ces ressentiments...
Voulez-vous vraiment mettre un terme à tout cela ? Le voulez-vous vraiment ?
Êtes-vous prêt à renoncer à certaines croyances ? Êtes-vous prêt à avoir un peu peur pour ne plus jamais avoir peur ?
Parce que oui, vous ressentirez cette peur lorsqu'il s'agira de quitter l'illusion du bonheur sur terre, c'est-à-dire de quitter l'égo. Cette peur qui provient de l'égo lui-

même. Égo qui a peur pour vous... et pour lui ! Il a peur pour votre personnage (qui est aussi son personnage). Il ne vous connaît pas. Il ne connaît que lui. Il ne sait rien de ce que vous êtes vraiment. Il est totalement « inculte » en spiritualité... Il n'y connaît rien en Amour, donc en Bonheur. C'est lui qui confond plaisir et Bonheur. Il n'a pas de mauvaise intention, il n'a juste pas été conçu pour cela. Il lui manque « une case ». Cette case, c'est pourtant votre Maison.

*

L'égo a conféré au plaisir un sens. Il l'a pris pour le Bonheur, alors que ce n'est qu'une sensation. Il l'a pris pour l'éternel, alors que c'est l'éphémère. Il l'a pris pour l'absolu, alors que ce sont des émotions. Il l'a pris pour la vérité, alors que ce n'est qu'une de ses manifestations.
Il fait tout cela parce que « chez lui », tout doit avoir une explication rationnelle ou matérielle.

*

Dormir.
Rire.
Faire du sport.
Faire l'amour.
Prendre le soleil.
Écouter de la musique.

Aller au musée.
Partir en vacances.
Bien boire et bien manger.
Caresser son chien.
Se promener.
Lire un livre...
Ce sont là les plaisirs du corps et de l'esprit en ce monde. Prenez, quand ils se présentent à vous et si « le cœur et le corps vous en disent ». Recevez, partagez, savourez, jouissez !
Mais n'y donnez aucun sens, aucune signification. Car alors vous les prendriez pour ce qu'ils ne sont pas. Et vous en demanderez plus. Vous en redemanderez encore. Jusqu'à l'overdose. Et vous en demanderez alors qu'ils ne sont pas ou plus disponibles : c'est l'insatisfaction, puis la colère qui guettent.

*

Comment savoir si un plaisir est « juste » le plaisir, ou si c'est un « plaisir égotique » ?
Comment peut-on savoir si on reconnaît le plaisir pour ce qu'il est, ou si on l'a assimilé au « bonheur selon l'égo » ?

Regardez si vous avez besoin de ce plaisir « pour être heureux ».
S'il y a une condition et s'il y a une conséquence à ce plaisir. C'est-à-dire s'il peut exister en tant que tel. Si vous le recherchez et l'attendez ou si vous le regrettez.

Si c'est le cas, alors l'égo se cache derrière ce plaisir.
Si c'est simplement : « Mon corps apprécie, mon esprit est inspiré », et que cela ne va pas plus loin, alors c'est la sagesse, c'est la conscience. Et c'est sans conséquence, il n'y aura pas de « prix à payer. »

Ce n'est pas forcément « facile » de vivre ainsi. En tout cas « au début ». Car la tentation de l'égo est grande de replonger dans l'illusion. Elle est même incessante. Elle l'est autant que le mental est hyperactif.

Mais ce n'est pas « si difficile » non plus.
Il suffit juste de vouloir choisir la conscience.
Choisir d'être dans le moment présent : là où il n'y a pas de signification. Pas de but à atteindre, pas d'idéal à vivre.
Là, seulement, où le Bonheur véritable se vit.

LA SEXUALITÉ

L'instinct de préservation de l'espèce est bien entendu directement lié à la sexualité. En fait, on est là dans le fondement même de ce qui peut garantir la préservation de l'espèce. On est donc dans ce qui peut conduire aux plus grandes mystifications de l'égo.

Chez l'humain, la sexualité, comme d'autres besoins vitaux ou d'autres plaisirs, est parfois devenue une fin en soi. C'est-à-dire que le processus d'identification marche ici à plein régime. Les fantasmes, les tabous et les complexes règnent ici en maîtres.
Pourquoi ? C'est toujours la même histoire !
Parce que l'on confond Amour avec sexualité. On confond orgasme avec Absolu. Couple avec Unité. Plaisir avec Bonheur. Être séduisant et attractif avec Exister.
Qui confond ?
Nous connaissons maintenant la réponse.
Et ces confusions créent la honte ou l'orgueil. Elles créent l'addiction ou l'abstinence. La fascination ou le rejet.

Le plaisir « ne fait pas de mal », par définition. Sauf si on culpabilise d'avoir du plaisir. En ce cas, on sera dans la croyance par exemple que

« le plaisir, ce n'est pas bien », ou alors qu'on ne mérite pas d'avoir du plaisir.
Le plaisir ne fait pas de mal, mais il peut mener à la souffrance si on lui a donné un sens.
En reconnaissant pleinement sa nature incarnée et animale et plus spécifiquement humaine, on accepte le plaisir quand il se présente et quand il peut être procuré.
En laissant filer les pensées liées intimement aux croyances égotiques qui nous travestissent, nous diminuent, nous limitent ou nous emprisonnent, on accède « naturellement » à ces plaisirs que réclame le corps au moment où il les réclame. Et si le corps ne réclame rien, c'est qu'il n'a pas besoin de ce plaisir.

Il ne faut pas confondre l'élan vital du corps qui va nous pousser à aller vers certains besoins (et plaisirs) existentiels primaires, avec les désirs, les interprétations et les attentes égotiques, qui sont le fruit de croyances. Croyances, par exemple, telles que : « Je dois être séduisante, et je suis séduisante si on me désire ou « Je dois avoir des relations sexuelles, car cela prouve que je suis aimé ». Ou même « Lorsque l'orgasme survient, je suis au paradis, j'existe ! », sans parler de : « J'ai des relations sexuelles avec elle, donc je la possède », ou : « J'ai des relations sexuelles avec lui, donc il est à moi ». Enfin, nous avons : « Je suis sexuel, donc j'existe », ou à l'inverse : « Je ne suis pas

sexuel, donc je ne vaux rien ». C'est l'égo qui parle, qui crée le sens et le besoin, pour mener à l'illusion et aux désillusions.
Bien sûr, il faut savoir dire « oui » et savoir dire « non »... Un vrai oui ou un vrai non... Ou un « peut-être »...

*

Parfois, l'élan vital peut se mêler aux besoins égotiques. Surtout en ce domaine.
Ainsi, on peut avoir tendance à glorifier « cette » union des corps comme étant un symbole de l'Amour et de la connexion « au tout ». On est tombé alors dans l'identification, la signification... le rêve. Et les relations avec le ou la partenaire pourraient en être altérées.
Être présent avec son corps, connecté directement à l'esprit, permet de faire la distinction entre besoins du mental et élan vital. De savoir apprécier le plaisir et répondre au désir lorsqu'ils se présentent (sans courir après), et de ne pas leur donner de signification.
Ainsi ce désir accompagne l'élan vital.
Ainsi, ce plaisir devient une expression physique de l'Amour sans condition.
Et ne pas avoir de relation sexuelle ne veut pas dire qu'il n'y a pas d'expression de l'Amour. C'est juste qu'il n'y a pas « celle-là » à ce moment-là.

LES ÉMOTIONS

Les émotions sont apparues pour être des indicateurs de ce qui est bon pour le corps. Elles sont devenues chez l'humain une fin en soi.

On a faim d'émotions comme on a faim de plaisirs.
Le but de la vie est, le plus souvent chez l'humain, d'avoir des émotions (agréables si possible…). Même se faire peur est devenu « un plaisir ». Parce qu'alors, on se sent « présent ». Ainsi, on en a perverti le sens.

La fonction des émotions est d'alerter et de récompenser, et en fait, on en a peur ou on court après.
La conséquence ?
Vivre en permanence dans l'attente d'une émotion qu'on qualifie de « positive » ou la peur d'une contrariété qui provoquerait une émotion qualifiée de « négative ». On n'est plus dans le moment présent. On ne sait plus accueillir, accepter ou apprécier simplement ce qui est ici et maintenant. On vit constamment sur le courant alternatif des émotions « agréables » et des émotions « désagréables ». Et on recherche les émotions fortes.

Il y a des émotions utiles. On pourrait les distinguer des émotions « inutiles » ou non

nécessaires, en les appelant les sensations.
Mais gardons le mot « émotion ». Simplement, on va lui adjoindre un qualificatif : « naturel ». Les « émotions naturelles », ce sont toutes ces sensations que ressent automatiquement le corps pour lui indiquer ce qu'il y a de mieux pour lui dans le cadre de sa survie ou de celle du groupe dans lequel il évolue. Il s'agit bien de la « survie du corps » ... et non celle d'une idée, d'une situation sociale, ou d'une croyance...

Les émotions sont un processus qui a été mis en place afin d'alerter le corps qu'il est en danger ou bien au contraire que quelque chose est bon pour lui (principe de la récompense). C'est l'instinct de survie qui se manifeste physiquement.
Souvent, ce sera une forme de peur, mais cela peut aussi être du plaisir, car le corps donne une indication sur ce qui est bon ou non pour lui. Des décharges plus ou moins intenses avec une vibration particulière selon la situation vont se diffuser dans le corps. Le corps et le cerveau reconnaissent immédiatement le sens de ces décharges. C'est instinctif. Ces flux énergétiques peuvent être doux, agréables, aigres, amers, acides, orgasmiques... L'objectif ? Réagir à la situation et/ou récompenser.
Prenons deux exemples qui concernent les mammifères (dont l'humain fait a priori partie).

Une antilope aperçoit un guépard qui s'approche lentement d'elle. Immédiatement, une décharge émotionnelle de peur pour sa survie immédiate se répand en elle, et le corps se met à courir le plus vite possible pour éviter d'être attrapé par cet autre corps qui veut le dévorer. « Fuis ! » Le danger passé, l'antilope se calme et elle reprend le cours de sa vie tout en restant vigilante. Présente.
Autre exemple : chez les mammifères, il a été prouvé (s'il fallait le prouver...) que lorsqu'un animal mange un aliment qui correspond au type d'alimentation dont a besoin son corps, une émotion de plaisir gustatif et de satisfaction du corps est activée et elle se diffuse dans tout le corps. Récompense qui motive l'animal d'avoir nourri convenablement son corps. « C'est bon pour toi ! », dit cette émotion. Mais là aussi, on peut tomber dans le piège dans lequel tombent surtout les humains ou les animaux de compagnie : celui de ne manger que des produits qui donnent un « certain » plaisir. Plaisir auquel on aurait donné un sens et qui correspondrait à un aliment ou un élément favorisant l'addiction.

Dans la nature, « on » prend ce que la nature nous propose avec sa variété selon les saisons et les espaces. Mais quand « on a tout » à disposition, dans son frigo, on peut avoir tendance à ne prendre que ce qui procure « le plus » de plaisir.

Chaque émotion à un « goût » différent et procure une sensation différente, qui correspond à des situations spécifiques dans lesquelles le corps doit savoir ce qui est bon ou non pour lui.

C'est un résumé très simplifié et sans doute très approximatif sur le plan scientifique.
Le tout est de reconnaître qu'il y a des émotions naturelles et pourquoi elles ont été créées.

Voilà à quoi servent les émotions.
Les émotions naturelles.

Ces émotions naturelles, l'humain les ressent aussi.
Cette peur primaire de l'antilope, dont nous avons parlé précédemment, va aussi se manifester chez l'humain, dans une mesure qui dépendra de l'intensité et l'imminence du risque. Par exemple, on marche dans la nuit dans une rue quasi déserte et un individu qui semble menaçant s'approche. Une décharge de peur va soudainement, ou peu à peu (selon que l'individu marche plus ou moins rapidement et qu'il est plus ou moins éloigné), circuler dans le corps et l'alerter qu'il faut réagir.
Le cerveau fera son choix : rester alerte et prêt à combattre, changer de trottoir, fuir, passer un coup de fil, se cacher, faire profil bas...
Si on est « présent », on saura agir en

conséquence... quitte à se tromper !
Mais il y a chez l'humain des situations qui n'ont rien à voir avec la survie du corps et à l'occasion desquelles des émotions vont se manifester. En fait, cela survient presque en permanence chez l'humain, car toutes les situations de la vie, même les plus courantes, sont interprétées par le mental en « bien » ou en « mal ».
Un oui ou un non créeront une émotion. Une phrase ou un silence créeront une émotion. Un certain type de regard créera telle ou telle émotion.
Ces émotions trouvent leurs origines dans les réflexes ancestraux du corps, mais n'ont, le plus souvent, plus rien à voir chez l'humain, avec leur objectif originel qui était, nous l'avons vu, de garantir la survie.
Pourquoi ?
Parce que, chez l'humain, l'instinct de survie a été perverti par le mental.
C'est le même processus automatique de survie qui s'active chez l'humain pour défendre une idée que lorsqu'il s'agit de défendre le corps.

Il y a eu un moment, nous l'avons vu, dans l'histoire de l'humain, où tout s'est « mélangé ».
Ce n'est plus la survie du corps qui est en jeu, c'est la survie d'une croyance, la survie d'un idéal, la survie d'une opinion, la survie d'une situation, la survie d'une possession ou d'un

besoin égotique… « On » défend un avis comme on défendrait sa vie, car on est tellement identifié à l'opinion qu'on a sur tel ou tel sujet, qu'on prend pour une menace existentielle une opinion contraire à la sienne. C'est « l'identification aux personnages », c'est-à-dire l'égo, qui crée toutes ces émotions.

Ce sont les émotions égotiques.

L'humain est devenu un être émotionnel.

À chaque situation son émotion.
Toute une panoplie d'émotions égotiques est apparue en même temps que l'égo est devenu le maître à penser de l'humain.
Citons par exemple :la jalousie, l'inquiétude, l'insatisfaction, la culpabilité, le ressentiment, l'amertume, l'ennui, l'indignation, la déception, la nostalgie, l'abattement, le sentiment d'injustice ou d'abandon, l'anxiété, la honte. Ces émotions égotiques désagréables peuvent toutes mener à la colère, à la haine, et même à la dépression, si on s'accroche à l'idée qui en est à l'origine.
Mais il y a aussi : l'excitation, la jubilation, l'impatience, l'extase, l'admiration, la fierté…
Ces émotions égotiques, plus ou moins agréables, sont des pièges. C'est difficile à entendre et reconnaître sans doute.
Elles sont des pièges si on les associe au Bonheur. Elles mènent à la déception si on leur

a donné le sens du Bonheur.

Deux exemples :

La honte survient quand on croit que ce que l'on pense, dit ou fait n'est pas « digne », pas « à la hauteur » du personnage que l'on veut être. On se sent soudain « inférieur » et donc, vulnérable.
Cette émotion égotique provient sans doute de cette émotion naturelle que ressentent les animaux qui doivent reconnaître leur infériorité physique dans un combat qui s'annonce ou qui se déroule. Ainsi, en montrant « patte blanche », ils mettaient fin au combat. Cette émotion naturelle était utile pour éviter la mort.
Aujourd'hui elle a été détournée, pervertie, pour éviter la mort... du personnage. Ce personnage qui devrait être « ceci ou cela ». Ce personnage qui devrait être considéré « ainsi ou comme cela ». Ce personnage qui devrait posséder « ceci ou cela » ...
Et ce personnage... il doit continuer à exister !
Ce personnage est mis à mal par la situation et alors, la honte survient. Cette honte est souvent associée à la culpabilité. La culpabilité d'avoir agi, pensé, parlé contre son propre personnage. Et ensuite, peut-être la colère peut survenir si le personnage se sent plus intensément en danger de mort.

Prenons maintenant la fierté.
L'émotion naturelle qui est à l'origine de la fierté provient d'un message qui est transmis au corps lorsqu'un événement ou une situation advient, qui va dans le sens de l'élan vital.
« Ressentir de la fierté » pour une action qu'on a accomplie, ou être fier d'une action accomplie par son enfant est une excitation agréable... et c'est naturel.
Tant qu'on n'y met pas de sens.
Y mettre du sens, c'est, par exemple, se dire qu'ainsi, on a « plus de valeur aux yeux des autres ». Là, cela devient une forme d'orgueil.
Là, on est dans le personnage. Le personnage qui a besoin, par exemple, d'être fier de son enfant pour que sa vie ait un sens.
Votre fils a gagné une compétition de tennis. Vous lui dites « Je suis fier de toi ». Si ce « je suis fier de toi » est simplement une joie emphatique, tout va bien ! Savourez. Appréciez. Mais si derrière ce « je suis fier de toi », il y a un soulagement, un sentiment de supériorité, un besoin d'en référer à d'autres pour leur dire à quel point son fils est bon, à quel point il a de la valeur (et donc indirectement vous aussi)... alors on tombe dans l'égo. On est dans l'orgueil ou la vanité.
L'émotion naturelle a fait place aux émotions égotiques.
Et on tombe dans la dépendance. La dépendance au besoin que les choses se passent d'une certaine façon pour soi ou pour

ceux à qui on souhaite « le meilleur ». Car alors, si les choses ne se passent pas comme on le souhaite, que va-t-il se passer ? On sera déçu. On va avoir honte. On va faire des reproches ou on va se faire des reproches. Et on souffrira ou on fera souffrir en culpabilisant.

C'est cela qui est formidable avec les émotions humaines (les émotions égotiques) : elles s'enchaînent les unes aux autres.
Tant qu'on veut contrôler, tant qu'on en redemande, tant qu'on exige et tant qu'on résiste.
C'est l'effet Domino.
Et elles s'ancrent ensuite.
C'est l'effet Lego.
Voyez-vous le jeu qui se joue ?
Commencez-vous à en connaître les règles ?
Jouez pour sortir de ce jeu pervers.
Ne luttez pas. La vie ne doit pas être une lutte permanente.
Il faut jouer, sinon on prend les choses trop au sérieux, et « le sérieux », « le grave », « le méprisant » ou « le dramatique » ... c'est le terrain de jeu de l'égo.
Parfois vous serez « en difficulté », mais gardez l'esprit du jeu. Si vous jouez, vous gagnerez forcément. C'est cela qui est bien avec ce jeu. Car, quand ce qui vous touchait ne vous touche plus, vous devenez indestructible. Ces émotions n'ont plus de prise sur vous et vous n'en êtes plus dépendant. Il ne reste que

les émotions naturelles que vous acceptez, dans le moment présent. Elles viennent et elles partent selon les cycles naturels de la vie.
Lorsque vous êtes connecté à vous, bien présent ou si vous vous reconnectez à vous-même à l'occasion d'une « micro-méditation » ou d'une méditation plus prolongée, vous voyez l'émotion, vous la reconnaissez même si vous n'en connaissez pas forcément l'origine.
Peu importe, ce qui compte, c'est de la voir. Ainsi, elle passera ou elle en restera à l'émotion naturelle, sans verser dans « l'émotionnel ».
Vous verrez alors peut-être, si vous creusez un peu, quelle est la croyance, à laquelle vous avez donné votre bénédiction, qui a provoqué et provoquera à nouveau cette émotion.
Cela va plus vite, en effet, si vous voyez la croyance. Si vous la reconnaissez et la laissez passer, en l'acceptant. C'est-à-dire en disant : « OK, je t'ai reconnue, croyance, je sais que c'est toi qui me faisais réagir ainsi. C'est toi qui provoquais ces émotions. Je sais que je ne suis pas « cela » et que je n'ai pas besoin véritablement de « ça ». Tu peux partir. » Sans colère, sans honte, sans regret... Sans peur.
Oh, elle ne « partira » pas forcément du « premier coup », surtout si elle a agi jusqu'alors dans un domaine que vous considériez comme essentiel « dans la vie ». Mais en le répétant plusieurs fois, à chaque fois

qu'elle intervient et que vous en ressentez les effets sous la forme d'une émotion, elle s'effacera.
Et alors, vous vous êtes allégé.
Si vous avez vraiment vu, reconnu et accepté, vous vous libérez, et vous ressentez la clarté et la paix de l'esprit. Vous le ressentez dans votre corps. Comme un fardeau qu'on vous aurait enlevé. Ce fardeau, c'est vous qui l'aurez ôté de vous-même.
Remerciez-vous alors et ressentez la Joie que procure l'esprit qui se libère.

REMOUS ÉMOTIONNELS

Il y a des périodes « dans la vie » où tout est bousculé. Où tout semble basculer. Des événements ou une maladie surviennent et perturbent « l'équilibre des choses » qui semblait convenir jusqu'alors.

Aujourd'hui, on se questionne par rapport à son travail, ses revenus, le monde, sa santé. Ses relations avec ses proches en sont affectées. Avec ses enfants, ses parents, ses amis… Et cela a aussi pour conséquence des questionnements et des inquiétudes par rapport à l'expression même de l'Amour et de la Vie.
On est alors dans une « période d'involution ». Cela apparaît au début comme une régression, mais c'est parce qu'on la juge ainsi. C'est juste une période où ne vit pas comme on vivait avant et comme on pensait qu'on vivrait maintenant.
Si on oublie la vie d'avant et si on oublie ce qu'on avait prévu pour la vie d'après, on est dans ce qui est, et on vit au mieux ce qu'il y a à vivre maintenant, quelles que soient les circonstances.

Ce n'est pas facile, bien sûr. Il y a un sentiment de vide, il y a de l'inquiétude. Jusqu'à la

panique.
Tant qu'on s'accroche à l'idée que rien ne va plus et que ça va être « terrible », comme cela devrait être toujours le cas, et encore plus dans ces situations, il faut revenir au présent. Sinon, on reste dans les questions auxquelles on n'a pas de réponse. Sinon, on reste dans le « ce n'est pas possible. » On reste dans le « c'est inacceptable. »
Revenez à vous. Revenez en vous.

« Quand vais-je retrouver une vie à peu près normale ? » « Mon travail, va-t-il continuer ou reprendre ? » « Qu'est-ce que toute cette histoire va donner ? »
Y a-t-il une réponse au moment où on pose la question ?
Non, sinon on ne se poserait pas la question.
Alors, pourquoi y penser sans cesse ? Pourquoi s'en préoccuper constamment ? Est-ce que ça change quoique ce soit à la situation à venir que de s'en inquiéter ?
Soit on peut agir tout de suite, soit on ne peut pas. Parce que, pendant qu'on s'inquiète et qu'on stresse, on ne vit pas. Pendant ce temps-là, on n'agit pas et on ne crée pas.
On souffre parce qu'on veut une réponse... qu'on n'aura pas.

Lorsque les remous émotionnels sont trop forts, voilà ce qu'on peut faire :
Rien.

Ou presque… Juste accepter et reconnaître… ce qui n'est pas rien, je le concède.
Personne ne vous empêche de ne rien faire et de vous retrouver… si ce n'est vous.

D'abord, s'allonger ou aller marcher. Aussi longtemps que « ça » ne passe pas.
Ça passera. Tout passe.
Calmement, en confiance.
Se recentrer sur le corps et la respiration.
Se dire : « J'attends que ça passe ». Mais ne pas attendre de résultat.
Accepter de ne pas avoir de réponse.
Accepter l'ennui et l'inaction. Ils deviendront la Paix si vous ne les considérez plus comme de « l'ennui » ou de « la passivité ».
Juste laisser passer. Juste être ce moment où le corps digère. Oui, le corps digère ce surplus d'émotion. Il y en a eu trop d'un coup. Une indigestion d'émotions.

Ça passera si vous ne vous accrochez pas. Si vous n'en reprenez pas.
Dites-vous : « Rien n'est vraiment grave ».
Répétez-vous : « Ça n'a pas d'importance ».

Si vous ne résistez ni ne vous accrochez pas, le temps fera son œuvre d'apaisement. Et plus vous serez présent, dans le moment présent, observateur des pensées, des souvenirs et des émotions, plus vous serez complice du temps. Plus ça « passera » vite.

Et dès lors que les choses auront été acceptées, intégrées, vous pourrez agir à nouveau dans la clarté. Ces pensées que « c'est terrible » se dissolvent. Il ne reste que l'esprit libre et lucide qui peut à nouveau être créateur.
Ce n'est pas de la passivité, c'est de la clarté. Cette clarté qui vous fera agir selon votre caractère et non selon vos émotions. Au moment propice. Ni avant ni après. En confiance. Sans peur, sans attente et sans regret. Juste parce que c'est « ça » qu'il y aura à faire, à ce moment-là.

Ensuite, regardez le film dans lequel vous étiez rentré, mais ne rentrez plus dedans. Assistez au spectacle, mais n'en soyez plus le personnage principal. Éloignez-vous de tous les écrans qui propagent la peur et veulent imposer leur vérité.
Ne cherchez pas à vous rassurer. Ne cherchez pas non plus à confirmer.
Vous avez vu. Vous savez bien.

Reconnaissez l'expression de l'Amour dans chaque détail de la vie.
Découvrez qu'en fait, il est partout, même quand on tente de le cacher ou de le déguiser.
Constatez qu'il est en vous et que vous pouvez en être la « meilleure » incarnation et le « meilleur » ambassadeur.

LE BOUC ÉMISSAIRE

La « recherche du coupable » est une des caractéristiques du fonctionnement du mental humain.
Ce réflexe commence par un petit « c'est à cause de lui ». Il se poursuit par le principe du souffre-douleur qui est une version plus « light » du bouc émissaire. Il s'est exprimé au travers de sacrifices humains ou animaux expiatoires. Et il s'accomplit avec des guerres froides ou meurtrières, pour trouver son apothéose dans les exterminations de populations et les génocides.

*

Le terme de bouc émissaire provient de cet animal que certaines tribus juives, au cours d'une cérémonie ritualisée, envoyaient « paître ailleurs ». Ce bouc avait été symboliquement chargé de toutes les souffrances des hommes et femmes qui constituaient cette tribu. C'était lui le coupable ! On le tenait enfin !
Le bouc acceptait sa pénitence (on ne lui demandait pas son avis) et les gens étaient soulagés.
Pour un temps.
Dans la religion chrétienne, il est dit que Jésus

serait mort sur la croix POUR libérer les hommes et les femmes de leurs « péchés ». C'est le concept du bouc émissaire et du sacrifice, dans sa version la plus « généreuse et compassionnelle ». Et c'est pratique, parce que ça peut « faire du bien » de croire qu'un « autre » assume et prend sur lui ses souffrances, et qu'ainsi, on n'a besoin ni d'un « examen de conscience », ni de faire un effort « personnel » particulier pour sortir de la souffrance. Ça soulage.
Pour un temps.

*

Les affaires de harcèlement à l'école partent du même principe. Il faut trouver un coupable aux souffrances (à ses souffrances), et si on peut « lui faire payer » ...
Les enfants « harceleurs » subissent d'abord des maltraitances physiques ou psychologiques, souvent chez eux, de la part de leurs parents. Ils voient leurs parents souvent en colère et ils les entendent accuser un tel, ou tel autre. Ils subissent la colère et la violence. Ils en sont victimes. Ils l'intègrent. Ils y croient, c'est-à-dire qu'ils croient que « c'est ainsi que ça fonctionne ».
Et cette colère refoulée doit ensuite « sortir ». Alors, ils la font subir à d'autres sous la forme de la violence (verbale ou physique)
De victime à coupable.

C'est automatique.

Selon vous, y a-t-il une seule chance qu'Hitler ou Staline aient eu des parents bienveillants ?

Ce processus victime / coupable / victime... se renouvelle de génération en génération.
Jusqu'à ce qu'un rejeton se révolte, qu'il sorte du « système », qu'il s'échappe de la matrice de l'égo et accède à la conscience. Qu'il choisisse la connexion à l'Amour plutôt qu'à l'égo et ses personnages. Voilà ce qu'est une véritable rupture générationnelle.

*

Pourquoi recherche-ton automatiquement un coupable, quitte à ce qu'il ne soit pas responsable de la souffrance qui a été vécue (le bouc émissaire) ?
Parce que, dans le mental l'humain, tout doit avoir une explication. Tout doit avoir une « cause ». Et s'il faut passer « par-dessus » la raison et des faits pour les trouver, il n'hésitera pas.
Il faut chercher un coupable, parce que la déception et la souffrance sont trop grandes et qu'il y a forcément une cause extérieure à ces émotions et cette souffrance, ressenties si fort.

Parfois, il ne s'agit pas d'un espoir déçu ou d'un phénomène de transfert.

Il y a « vraiment » eu un mensonge, un vol, une déloyauté, une violence... Il y a eu un préjudice clair, de l'ordre de ce monde. Un préjudice matériel et/ou physique.
Il est « normal » en ce cas de désigner un « responsable » et éventuellement de le faire condamner selon les lois du pays où l'acte a été perpétré ou de régler « personnellement » l'affaire.
On peut aussi « laisser filer » et passer à autre chose parce que l'on considère que le danger est passé et qu'il y a peu de chance qu'il se présente à nouveau.

L'important est de ne pas tomber dans le personnage de « la victime ». Rester présent, donc pragmatique.

À noter que dans nos sociétés « civilisées », on est plus prompt à condamner les violences physiques que les violences psychologiques qui sont pourtant à l'origine de la majorité des violences physiques.
Il fut un temps où un vol à l'étalage pouvait être puni de mort, alors qu'un père qui humiliait son enfant, lorsqu'il ne travaillait pas assez ou ne suivait pas « à la lettre » sa morale éducative, était considéré comme un père exigeant, mais « droit ».
Les croyances de « l'époque ».
Aujourd'hui, il y a d'autres croyances qui sont considérées comme « normales » et qui

paraîtront aux yeux des humains éveillés qui nous succéderont, de la barbarie, c'est-à-dire de l'inconscience. D'ailleurs, « barbarie » vient de « barbare », c'est-à-dire « étranger ». Voici comment le principe du bouc émissaire s'est lui aussi immiscé dans le vocabulaire : « L'étranger, c'est le violent », « L'étranger, c'est le sous-homme ». Les êtres dits « civilisés » qui nous ont précédés ont aussi employé ce terme : « barbare » pour désigner… les indigènes des contrées qu'ils voulaient coloniser. Le principe du bouc émissaire par l'absurde : c'est parce qu'ils sont « barbares » qu'on devait « les » coloniser. Afin de les élever à « l'humanité » et les sortir de l'ignorance.
Et la plupart des gens y croyaient !

C'est dans le domaine de la politique que l'on trouve les experts en « désigner le coupable ». C'est dans ce champ que tout est possible et que tout est autorisé dans nos sociétés démocratiques.
Les sociétés démocratiques, reconnaissons-leur une vertu. Une vertu essentielle : celle de pouvoir s'y exprimer librement.
Pour combien de temps encore ?
Et que font les gens de cette liberté ? On leur dit, à l'occasion des élections - parce que le vote n'y est pas obligatoire en général - que « chaque voix compte ». Mais n'est-ce pas la voix de l'égo qu'on entend le plus souvent ?
Les électeurs renvoient un « incompétent »,

coupable de ne pas leur avoir donné ce qu'il avait promis de leur donner, et ils « élisent » un nouveau responsable. Ils le font, pleins d'espoir. Pour rapidement le charger des pires maux. Ils vont dire :« Quel scandale ! » « Quel incapable ! » « Il nous a bien eu celui-là. »
Le sauveur s'est transformé en agent « du mal ». Il sera le prochain bouc émissaire. L'affection et l'estime se sont transformées en rejet, parfois en haine. Ce sera selon l'intensité de l'attente qui avait été placée et le niveau de déception suscité. Et cela dépendra aussi du niveau de colère du peuple à ce moment-là.

Comment et surtout pourquoi un homme tel que Hitler est-il arrivé au pouvoir ? A-t-il vraiment manipulé le peuple ou le peuple attendait-il, à ce moment-là, cet homme ? Cet homme qui leur confirmait qu'ils étaient des victimes et qui désignait les coupables de leurs souffrances.
D'où venait la « manipulation » selon vous ?
De la propagande ou de l'égo du peuple ?
Dans les deux cas, il s'agit d'égo.

Lorsqu'il y a égo et souffrance, il y a recherche de bouc émissaire.
Plus la souffrance est intense, plus les nerfs sont à vifs, les émotions incontrôlées, plus il y a de l'inconscience, plus la souffrance de l'Homme s'exprime.
Et moins il y aura de conscience, et plus on

cherchera un coupable. Celui qui tombera sous la main : « le Juif », « le Tzigane », « un idiot de voisin » (pour rester poli), le chef, le collègue, ou celui qui sera le plus visible : « l'étranger », « le petit », « la grosse », « l'autiste »... celui qui est différent.
Mais on peut faire beaucoup plus subtil. Il suffit simplement de trouver une peur collective, et de désigner un coupable. Cela peut être un homme, une femme, un groupe, un pays, une machine, un virus... C'est un message de peur qui vient confirmer qu'il y a un danger.
C'est l'inconscience qui s'adresse à l'inconscience et qui y trouve du répondant.

*

N'y faites plus écho.
Ne recherchez plus de bouc émissaire.

Éloignez-vous de « ce système » qui entretient et crée la souffrance.
Ne « leur » en voulez pas.
Comme l'a dit Jésus : « Pardonnez-leur, ils ne savent pas ce qu'ils font. »

LE JUGE, LA VICTIME ET LE COUPABLE

« Mais pourquoi t'as fait ça ? »

On pose parfois cette question à une personne lorsqu'on a l'impression que ce qu'elle a fait n'est pas « bien ». Il y a souvent du jugement... du reproche, surtout si on le perçoit dans l'intonation.Il arrive que cette question soit posée d'une façon « éveillée » afin d'aider l'autre à prendre conscience de ce qui l'a amené à agir comme il l'a fait. Dans ce cas, c'est juste une question et l'interrogation sera formulée d'une façon plus indirecte et compréhensive. Par exemple : « J'aimerais comprendre pourquoi tu as dit cela. » Ou alors : « Est-ce que tu sais pourquoi tu as dit cela ? ». Ou bien encore : « Qu'est-ce qui t'a fait dire cela ? ». Percevez-vous la bienveillance et la douceur avec lesquelles les questions ont été posées cette fois-ci ?

Ce qui est intéressant, c'est que « nous » les humains, on se pose souvent à nous-même cette question. Oui, on se tutoie à soi-même.
On se dit : « Pourquoi tu as fait cela ? »
« Qui » pose la question à « qui » ?

Il y a ces « conversations » que nous avons avec nous-même et qui ne sont que l'expression de la pure conscience.
Lorsque cela survient, on est évidemment pleinement présent à notre essence, à ce qui est. La conscience interpelle. Et si on reste présent, c'est elle aussi qui répondra.

La conscience doit « passer par le cerveau », afin de remplacer une croyance, par une prise de conscience. Cette nouvelle prise de conscience devient un savoir, et ce savoir a donc remplacé une croyance, c'est-à-dire « un point de vue » que nous avions sur un sujet donné, qui avait été intégré sans même s'en rendre compte.
Voilà comment on se libère !
Par exemple, voici le genre de dialogue intérieur que ce processus peut créer
« Pourquoi as-tu besoin de partir loin en vacances ? » La première réponse qui sortira automatiquement sera l'une des croyances qui régissent jusqu'alors la question. Elle pourrait être : « J'ai besoin de m'évader. » Et alors si on est pleinement présent, connecté, la conscience pure dira « Ce n'est donc pas de cela que tu as vraiment besoin. »
Cela pourrait paraître comme un jugement ou une critique, mais ça ne l'est pas.

On est le seul à savoir si c'est un jugement ou si c'est la voix de sa vérité.

La voix de la vérité est douce et bienveillante. Celle du juge est impérative et teintée de reproche.
Soit on reconnaît cette voix, soit on reste dans la croyance.

Ce dialogue – en particulier pour tous ceux qui ont une activité cérébrale intense – est indispensable, mais pour qu'il porte ses fruits, il doit se faire en étant pleinement présent, totalement honnête avec soi-même, sans peur...

Le plus souvent néanmoins, ces conversations du mental ne se font pas en étant présent.
Elles se font automatiquement.

On vient de dire ou de faire quelque chose... Et on se sent mal. On se dit : « Pourquoi tu as dit ça ? », et souvent on ajoute son propre prénom.
« Mais pourquoi tu as dit ça, Dominique ?! »
Et le ton de la question est chargé de reproches.
« Qui » demande à « qui » : « pourquoi tu as fait ça ? » ?

Vous êtes en train de faire des courses, vous craquez pour une boîte de chocolat et après être passé en caisse, vous regrettez soudain cet achat, et vous vous dites : « Pourquoi tu as acheté ça ? ».
Une petite sensation de colère pourrait même survenir.

Vous pourriez ajouter : « Mais pourquoi tu as encore craqué pour ce chocolat ? »
La question n'est pas de savoir si c'est bien ou non d'acheter du chocolat bien sûr... Pas non plus de savoir si le chocolat noir est meilleur ou non pour la santé que le chocolat au lait !
La question, c'est : « qui » pose la question à « qui » ? C'est cocasse, parce qu'on ne se pose jamais cette question ! On se parle à soi-même et on trouve ça normal.

« Qui » pose la question à « qui » ?

Celui qui pose la question sous la forme d'un reproche, c'est « le juge en nous ».
Et ce ne serait pas un problème s'il n'y avait pas, en face, « un autre nous » qui se sent coupable. Car s'il n'y avait personne en face, « le juge en nous » parlerait dans le vide. Ça ne durerait pas très longtemps. Et puis cet autre en face, « le coupable », pourrait rapidement se transformer en un troisième personnage : « la victime ».

On peut, en effet, avoir ce petit dialogue intérieur amusant entre les 3 personnages :
Le juge (en nous) : « Pourquoi tu as dit ça ? ».
Le coupable (en nous) qui pour l'instant n'est que le suspect : « Heu... » (Cette phase ne dure jamais très longtemps, car il faut avoir un avis, il faut trancher, il faut dire « oui ou non. »
Alors je juge insiste et le coupable avoue : « J'ai

fait n'importe quoi. »
Mais souvent, cet état de coupable ne dure pas très longtemps.
En effet, le coupable peut se transformer en victime (en nous) : « C'est à cause de l'autre-là, il m'a provoqué… »
Le juge : « Il n'est pas fiable »

Après la honte du coupable, le ressentiment. Le ressentiment de la victime. La séparation s'est opérée. Et avec la séparation, la colère, c'est-à-dire la souffrance.

Et tout ça se passe au-to-ma-ti-que-ment, sans qu'on s'en rende compte.
Pourquoi ?
Parce qu'on n'est pas présent. On laisse faire le mental. Open-bar ! Cocktail de croyances et de peurs à volonté ! Servez-vous ! Il y en a pour toutes les situations. Qui paiera la note ?

Un autre exemple :
Le juge : « Pourquoi tu as dit ça ? »
Le coupable qui se cache : « Heu… »
Le coupable qui avoue : « Je suis vraiment trop nul… »
Le coupable qui est aussi la victime : « Je suis nul, parce que mes parents m'ont toujours dit que je l'étais. »
Le juge : « Tes parents t'ont vraiment fait beaucoup de mal, c'est pour ça que tu es nul. »
On vient d'ancrer encore un peu plus

l'identification aux personnages de la victime (« on t'a fait du mal ») et du coupable (« tu es nul »).

Qui sont le juge, la victime et le coupable ?

Les personnages principaux de l'égo. Ils s'opposent avec le personnage qu'on voudrait être et confirment le personnage que l'on croit être.
Ce mécanisme automatique d'identification à la victime ou au coupable – avec le personnage du juge intérieur qui choisit entre les deux – entretient la dualité. Il crée la déconnexion avec « ce qui est ». Il ravive la « souffrance de l'Homme ».

Cette « souffrance de l'Homme » est déjà inscrite en chaque être humain, dès sa naissance.
Le bébé qui naît a déjà entendu de la bouche de ses parents toutes ces histoires malheureuses, ces drames qu'ils portaient eux-mêmes. Le plus souvent, de façon inconsciente. Les mots employés, l'intonation, la colère sourde transparaissent dans tout ce qu'il a pu entendre. L'enfant a tout entendu et il continuera à entendre et à intégrer en son corps cette souffrance de l'Homme. Et la souffrance familiale particulière.
Tous ces drames, s'ils n'ont pas été pardonnés,

seront portés et transmis sous la forme des personnages de la victime ou du coupable.

Les animaux ne portent pas une telle souffrance en eux. Parce qu'ils n'ont pas d'histoire. Parce qu'ils ne jugent pas.
Parfois, un chien porte en lui une souffrance continue. Il est constamment apeuré et peut en devenir agressif. Mais qui a créé cela ? Qui a maltraité ce chien de façon répétée, si ce n'est un humain ?

*

On parle souvent de « la victime, du bourreau et du sauveur », ce triangle dramatique inventé par Karpman, et qui se révèle en fin de compte une impasse pour les ses acteurs. Mais il s'agit plus de « rôles », et souvent le bourreau ou le sauveur se considèrent aussi comme des victimes. Et le sauveur peut rapidement être jugé comme le coupable par la victime.
Le trio « juge, victime et coupable » permet de visualiser l'origine de la souffrance.
Quoiqu'il en soit, dans les deux cas, il faut savoir « en sortir ». Et cela passe par la conscience.
Tant qu'on n'a pas reconnu les personnages, on ne pourra pas se libérer véritablement de la souffrance, car pour le juge, la victime et le coupable, c'est « normal » de souffrir. Mais c'est rester dans ce fonctionnement qui crée

maintient en vie la souffrance !

Si on les a reconnus, ensuite, que faire ?
D'abord, changer d'environnement et de fréquentation. C'est la fuite. Mais la fuite peut, elle aussi, devenir un fonctionnement automatique qui peut « entretenir » le personnage de la victime. Arrivera un moment où il faudra accepter et pardonner.

Dès qu'on se plaint, dès qu'on en veut à quelqu'un ou à la vie, dès qu'on a envie de fuir (et non de partir), de rétorquer ou de se recroqueviller sur soi-même (alors qu'il n'y a pas de danger physique réel), on est dans le personnage de la victime.
Dès qu'on culpabilise, qu'on s'en veut ou qu'on regrette, on retourne dans le personnage du coupable.

Tant que l'on croit qu'on est ces personnages...
Tant qu'on croit qu'on doit juger...
Tant qu'on croit et qu'on écoute le juge « en soi » qui dit qu'on est soit coupable, soit victime... ou que les autres sont soit des victimes, soit des coupables...
On restera dans ce jeu autodestructeur.
La solution est donc simple quand on a été pris dans ce jeu : reconnaître qu'on a été pris dans ce jeu. Et c'est en étant présent qu'on peut détecter la mise en place du processus automatique.

PARDON

Dans le film Will Hunting, Matt Damon joue le rôle de Will, un jeune surdoué qui a connu une enfance difficile avec un père violent et alcoolique.
Il se lie peu à peu d'affection avec un psychologue : Sean Maguire, joué par Robin Williams. Mais le poids du passé est trop lourd à porter pour Will, et il retombe régulièrement dans des comportements violents, d'exclusion ou d'autosabotage.
Un jour, Sean fait prendre conscience à Will qu'il n'est pas coupable de ce qui lui est arrivé. Il montre alors les photos, qu'il tient en main, de Will enfant, blessé par les coups. En lui disant qu'il n'est pas coupable de toutes les souffrances qu'il a subies.
Sean répète calmement, mais pleinement présent, avec compassion et sans sentimentalisme :
« Ce n'est pas de ta faute. »
« Ce n'est pas de ta faute. »
« Ce n'est pas de ta faute. »
Peu à peu, Will craque. Les sanglots le submergent.
Ce qu'il portait jusqu'alors « s'évapore », sans doute en partie.

Pourquoi Will souffrait-il tant, alors qu'il n'était plus maltraité depuis plusieurs années ? Cette question peut sembler naïve, car on trouve cela normal de porter toute sa vie le poids de son passé.
Pourquoi « gâchait-il sa vie » alors qu'il avait « tant de talents et tant d'amour » à donner ?
Parce qu'il continuait à porter en lui le poids de la honte et de la culpabilité.

Le cerveau de l'enfant est malléable et les expériences de souffrance marquent au fer rouge son fonctionnement psychique.

Will était dans le personnage triple du juge, de la victime et du coupable. Il y était encore totalement identifié jusqu'à ce moment-là.
Il est là le marquage au fer rouge.
Il était encore la victime de son père et la victime des coups. Il était encore le coupable d'avoir ce vécu, ce passé et ces traumatismes.
Il y avait en lui « ce personnage » qui avait intégré la violence et voulait la faire payer à d'autres, au reste du monde et « à lui-même ».
Et puis il y avait le juge qui disait que « ce n'est pas normal », « ce n'est pas acceptable d'avoir enduré cela, et d'être aujourd'hui cela ».
Ce juge intérieur lui disait aussi : « C'est normal que tu sois ce que tu es aujourd'hui, que tu sois violent, instable et révolté, puisque tu es une victime. C'est CELA que tu es ».
En écoutant ce juge, Will solidifiait « en lui »

l'identification aux personnages de la victime et du coupable et aux croyances associées.
Mais il « savait » aussi que cela ne créait que souffrance et chaos. C'est sans doute ce qu'il l'a sauvé, c'est-à-dire que son salut (la libération) est lié au fait qu'il ne s'est pas fondu totalement dans les personnages.
Il y avait un petit recul. Un espace de conscience entre l'esprit et les personnages.
C'est cet espace qui a « explosé » et qui a dissous les personnages, lorsqu'il s'est pardonné à lui-même.

C'est une forme d'éveil.

Auparavant, ses pensées et sa façon de penser étaient dictées par ses croyances et provenaient directement du système de défense qu'il avait dû mettre en place lorsqu'il vivait, enfant, cette insécurité et cette peur.
Ces pensées, ces croyances, il ne les avait pas choisies. Même s'il les a faites « siennes », il ne les a pas choisies. Elles se sont mises en place automatiquement. Elles ont pris place lorsqu'il était en situation de faiblesse et elles se sont installées.

Mais...

Ce n'était pas « de sa faute » s'il pensait ainsi.
Ce n'était pas de « sa faute » s'il y avait toujours cette honte et ce ressentiment en lui.

Sauf que le juge en lui disait le contraire.

Mais ce n'était pas de « sa faute ».
Sean le lui répète en disant plusieurs fois : « Ce n'est pas de ta faute. » À chaque fois qu'il le lui dit, Will cède un peu plus. Et plutôt que de rester dans le personnage et dire « Oh, ce n'est pas grave... » ou « Laisse-moi tranquille », il accepte l'idée que ce n'est pas de sa faute.
Il quitte ainsi le juge, la victime et le coupable.
Il lâche prise.
Il se pardonne.
Il pardonne.
Il prend sans doute conscience que ces pensées ne sont pas et ne seront plus les siennes.
Qu'il n'est plus la victime.
Il n'est plus le coupable.
Et il n'y a plus de juge pour le rappeler.
En tout cas, il ne l'écoute plus.

Cette libération expulse du corps ce poison émotionnel qui circulait en lui depuis si longtemps.
Il craque, il pleure.
Mais ce n'est pas de la colère. Ce n'est pas de l'apitoiement ou de la panique.
C'est un nettoyage « soudain ».
Il dit adieu aux personnages et aux croyances.
C'est la manifestation physique d'un « grand pardon ».

Et le passé, « ce passé » n'existe plus en lui.

En tout cas, il n'est plus aux commandes.

Will est sorti du personnage, des personnages.

C'est cela le vrai pardon.
Le pardon inconditionnel.
Ce n'est pas un pardon à genoux, car ce type de pardon laisse la place à la culpabilité.
Dans « ce genre » de pardon, on croit qu'on est coupable, qu'on est « un coupable » et « qu'il faut pardonner ou demander pardon ». On est dans « la morale », donc dans les croyances. On reste dans le piège.
Mais nous sommes l'Amour. Comment l'Amour pourrait-il souhaiter ce qui est contraire à l'Amour ? Ce qui est ne peut pas aller « contre » ce qui est.

Ne plus juger.
Ne plus se juger.
Ne plus être la victime.
Ne plus s'identifier à une autre victime.
Ne plus être le coupable.
Ne plus voir de coupable.

Accepter ce qui est, c'est pardonner.

*

Demander pardon, y compris « à soi ».
Ce n'est pas « être désolé ».
Ce n'est pas « se disculper ».

C’est reconnaître sa responsabilité, sans se juger.
C’est prendre la responsabilité de « sa vie » et du fonctionnement de son mental.
C’est quitter le jeu des personnages.
Et ainsi, se libérer du sentiment de culpabilité

Accorder son pardon, ce n’est pas dire : « Je te pardonne » et rester toutefois dans le personnage de la victime et du juge.
C’est reconnaître que ce qui s’est passé est passé. Que cela n’existe pas dans le moment présent.

*

Si on ne juge plus.
Si on n’est ni la victime ni le coupable.
Si on reste constamment dans le moment présent.
Si on est toujours présent, donc lucide, confiant et clairvoyant.
Alors on pardonne vraiment.

On n’a d’ailleurs, ensuite, même plus besoin de « pardonner ». Cela se fait automatiquement, car les personnages se sont évaporés et plus rien n’a de prise sur soi.

Ni juge, ni victime, ni coupable.
Mais libre et responsable.

L'ESTIME DE SOI

« Estimer » peut avoir trois significations.
La première, c'est celle de « donner de la valeur par rapport à (un objet) selon un référentiel » : le « prix » du marché ». C'est donc comparer : « J'estime une maison, et elle vaut tant. »
La seconde est souvent employée ainsi : « Cette personne mérite mon estime ». On a comparé et on positionne « la personne » sur une échelle de valeurs. On juge.
La troisième, c'est : « J'ai de l'estime pour elle ». C'est-à-dire, je l'apprécie, je l'aime. Elle m'inspire ».
À noter qu'une même phrase pourra être énoncée selon la deuxième ou la troisième signification. Selon qu'elle provienne de l'égo ou de l'énergie de l'Amour.

*

« Avoir de l'estime de soi », c'est souvent « considérer qu'on a de la valeur ».
Pourtant, chaque être a de la valeur. Tous les êtres de la nature ont la même valeur : celle de « ce qui est ». C'est une valeur qu'on ne peut quantifier, car elle est au-delà de tout ce que nous connaissons ici. Il n'y a pas de « plus » ou

de « moins ». Il n'y a pas d'avant » et « d'après ». Il n'y a pas de « pourquoi » et de « donc ».

Si avoir de l'estime pour soi, c'est être dans l'Être, dans l'Amour... Si avoir de l'estime de soi, c'est aimer ce que l'on est, tel qu'on l'est...
Alors, on est simplement dans « ce qui est ».
Alors, c'est parfait.
Le plus souvent, toutefois, considérer qu'on a de la valeur, sous-entend : « on a de la valeur par rapport à... ». Par rapport aux autres, par rapport à un repère tel que : « Je suis bon là-dedans. »
C'est donc comparer. C'est juger.
C'est subtil, mais ça fait toute la différence.

Si on s'aime en se comparant ou en comparant, alors on souffrira et on fera souffrir.
Si on s'aime juste tel qu'on est – en toutes circonstances – alors on est dans l'acceptation, la reconnaissance.

*

Faut-il avoir un bon égo pour avoir de l'estime de soi ?
Est-ce qu'avoir trop d'égo fait qu'on a trop d'estime de soi ?
Est-ce qu'avoir un égo blessé fait qu'on a peu d'estime de soi ?
En ce cas, l'estime de soi dépendrait

directement d'un degré d'égo...
Vous connaissez sans doute cette chanson écrite par Luc Plamendon et Michel Berger : Le Blues du businessman. Ce businessman à succès s'envole et proclame : « J'aurais voulu être un artiste ! ».
Qu'est-ce qui résonne dans ces mots ?
C'est le regret.
Quelle est la mélodie de cette chanson ?
C'est celle du besoin de considération. Celle de l'égo (le personnage qu'on n'est pas et qu'on voudrait être).

« J'ai du succès... » mais « J'fais pas c'que j'aurais voulu faire... »
Il a du succès... Mais il est malheureux.
Peut-on avoir de l'estime de soi et se sentir malheureux de ce que l'on vit ?
On n'est pas dans l'estime de soi juste parce qu'on est fier de ce qu'on est, car on peut alors être dans une illusion : celle du personnage qui croit « qu'il faut avoir du succès pour exister ».
Cette sensation de fierté n'existe que parce qu'on a contenté le personnage. C'est une « fake fierté », une fierté égotique.

*

Qu'est-ce qu'avoir de l'estime de soi ?
On pourrait répondre : c'est « s'aimer », c'est être bien « avec soi ».
Mais reste la question suivante alors :

Aimer quoi ? Aimer qui ? Aimer comment ?
On en revient à l'Amour, ou à l'amour...
Une bonne question serait donc plutôt la suivante : que crée « être dans l'estime de soi » ? (Et non « avoir de l'estime de soi ».)
La réponse est plus évidente : le bien-être, la Paix, une sensation d'alignement, la Joie, l'Amour....

Et qu'est-ce que l'égo ?
Nous l'avons évoqué longuement : c'est l'identification au personnage : le personnage qu'on croit être, avec ses goûts, son histoire, ses attributs, ses possessions, son statut, ses secrets, ses blessures et ses fautes...
C'est aussi un idéal, la personne idéale qu'on voudrait être avec comme marqueurs toutes ses aspirations, ses futures possessions, ses rêves...
C'est le personnage de la victime. C'est le juge, c'est le coupable...
Et tout cela repose sur des croyances : « Je crois que je suis cela », « Je crois que cela est vrai », « Je crois que c'est important de » ...

Que crée l'égo ?
Des émotions égotiques.
Honte, regret, mais aussi fierté ou jubilation...
Et ces émotions dépendent de circonstances.

L'estime de soi, devrait-elle dépendre de circonstances ?

Croire qu'on est moins ou plus que ce que l'on est, c'est être dans l'égo.
Et si on est dans l'égo, on ne peut pas être dans l'estime de soi. On est dans la comparaison de soi par rapport aux autres, par rapport à ce que l'on voudrait être.
Il n'y a pas « trop » ou « trop peu » d'estime de soi, il y a juste qu'on s'accepte ou non.

Le piège, c'est de croire que l'estime de soi se mesure.
Posons-nous la question : « plus » on aurait d'estime de soi, plus on serait bien avec soi ?
« J'ai gagné 2 niveaux d'estime de moi, c'est génial ! » Et le lendemain « Yeah ! Encore un niveau de plus, je ne suis pas loin du top, là ! »
Le surlendemain, on croise un collègue de très bonne humeur : il vient d'avoir une promotion.
Et là, vous vous dites : « Il a une meilleure estime de lui que moi, j'en ai de moi ».
Ça ne peut pas marcher comme ça.

*

Lorsqu'il y a un problème d'estime de soi, on va parler souvent d'égo blessé.
Qu'est-ce qu'un « égo blessé » ?
C'est un égo qui n'a pas (eu) ce qu'il voulait.
C'est un besoin – créé par une croyance – qui n'est pas satisfait. C'est la croyance qu'on n'a pas reçu ce qu'on « méritait », ou qu'on n'est pas ce qu'on devrait être.

En quelque sorte, la souffrance qui a été vécue perdure tant que la croyance qu'on est une victime est là.
Il n'y a pas à soigner son ego pour récupérer de l'estime de soi. Il faut simplement – mais je ne dis pas que c'est facile – se libérer des croyances ancrées en soi qui font qu'on n'est pas dans l'estime de soi, c'est-à-dire dans l'Amour, dans ce qui est. Se libérer du juge en nous qui considère, qui estime, que « non, ce n'est pas suffisant », « non, ce n'est pas bien ». Juge qui ira jusqu'à dire : « Tu devrais avoir honte de toi ».

*

Quand, dans sa vie et surtout sa jeunesse, on a souffert, quand on a été rabaissé, méprisé, trompé ou agressé... on peut croire qu'on doit « récupérer » de l'estime de soi, parce qu'on se sent nul, isolé, ignoré, inconsidéré, déprécié...
C'est un piège de l'égo
C'est-à-dire qu'on est dans la croyance qu'on n'a pas « reçu assez », alors que – pour commencer – le passé n'existe pas vraiment, c'est-à-dire qu'au moment où on pense à cela, on ne subit plus la situation, on ne subit que les émotions ... et par ailleurs, ce n'est pas parce qu'on reçoit plus de considération ensuite, qu'on récupère de l'estime de soi.
On peut juste satisfaire l'égo.
Et on va détourner le problème.

Certes, changer d'environnement et de relations est indispensable pour quitter ce qui offense et agresse, ce qui fait que le corps ne peut pas se sentir en sécurité et vivre selon sa nature, ce qui fait que le caractère pourra s'exprimer librement.
Mais ce n'est pas « un autre environnement » et « d'autres relations », qui créeront l'estime de soi. Ils ne pourront, au mieux, qu'y contribuer.
C'est la paix de l'esprit qu'il faut rechercher.

*

« Comment veux-tu que je me sente bien après ce qu'il m'a fait subir ? »
La réponse est malheureusement dans la question qui est en fait une affirmation.
Dans cette phrase, on conclut déjà qu'on ne peut pas se sentir bien, parce que telle ou telle chose s'est passée. On en est sûr et certain. Et pourtant, on voudrait aller mieux ! On cherche une justification à sa souffrance. Si on est bloqué sur cette affirmation – qui est une croyance en fait – on ne s'en sortira pas. On n'en sortira jamais. Ça semble assez évident.

*

L'estime de soi, c'est comme l'Amour, si elle est conditionnelle ce n'est pas de la vraie estime de soi. Car elle dépendra d'une

situation, d'un contexte, de réussite, de possession, de choses extérieures. Et dès que la météo du hasard ne sera pas au rendez-vous, on retombera dans la mésestime de soi.
Cette estime de soi conditionnelle est factice, c'est un château de cartes.
C'est juste de la fierté ou de la honte... passagères.
C'est le cycle estime/mésestime de soi qui se renouvelle inlassablement.

*

Il y aura une forte résistance de l'égo pour nous maintenir dans le statut de victime.
Et tant qu'on y reste, au fond, de façon consciente ou inconsciente, on cherchera des coupables. C'est automatique.
Et tant qu'on cherche des coupables, on se considérera comme une victime.
Comment vivre dans la Paix et dans la Joie, si on se considère comme une victime ?
Comment être dans l'estime de soi, si on n'est pas dans la Paix et l'Amour ?

Sortir de ce cycle ne passe que par la reconnexion à la vie. À ce qui est, sans chercher à comprendre. Tout accepter et tout vivre Être connecté à sa nature profonde et reconnaître que tout ce qui nous bloque n'a pas ou plus d'importance... que ça n'existe plus.
« Je n'ai pas été aimé par ma mère. » : ça

commence comme cela.
« Je n'ai pas été aimé par ma mère, et ça, c'est injuste. » : c'est une croyance plus identifiée et donc, plus ancrée.
Ou « Je n'ai pas été aimé par ma mère, c'est pour cela que je suis en colère. ».
Ou encore : « Je n'ai pas été aimé par ma mère, et un jour, peut-être, elle m'aimera. »
Et enfin : « Je suis une personne qui n'a pas été aimée par ma mère. » : dans ce cas, on est dans l'identification à la victime.
Alors qu'on pourrait simplement dire : « Ma mère n'a pas été très affectueuse avec moi. »
Ou bien : « Ma mère était souvent absente. »...

Si on se considère comme une personne qui n'a pas été aimée, on a donc un égo blessé ?
La seule chose qui est, aujourd'hui, blessée, c'est l'image de ce que l'on voudrait être. C'est le personnage qu'on croit être et qui a été blessé et qui est toujours blessé.

Si on oublie tout cela, si on accepte, si on passe à autre chose, si on « zappe » le personnage... il n'y a plus de souffrance.
C'est important de le comprendre, mais surtout de le reconnaître et de le vivre, sinon, on aura tendance à penser qu'il faut recharger les batteries d'une estime de soi imaginaire.
Les vendeurs de rêve en font leurs choux gras, car il est plus facile de remplir que de nettoyer.
Et souvent, ils vont assimiler « estime de soi »

et « confiance en soi ».

Être dans l'estime de soi, c'est savoir et ne plus croire. C'est être et reconnaître ce qui est en soi.
Avoir confiance en soi, véritablement et « sans effet secondaire », c'est savoir ce qu'on est capable de faire, savoir « qui » on est. C'est être dans l'élan vital et reconnaître son véritable caractère, au-delà des personnages.

*

« On va enfin me reconnaître à ma juste valeur. » Ici, on vit « sa vie » pour accéder à une situation, puis pour la garder.
Les raisons profondes de nos actions sont, en ce cas, dans le regard des autres vis-à-vis de nous. Ou le regard du juge en nous par rapport à « ce qui nous arrive ».
On croit qu'il nous faut « ça » pour exister.
Il y a ici une confiance en soi, mais cette confiance en soi est en fait une confiance en « moi », elle est au service d'un idéal, d'un personnage, d'une illusion du bonheur.
Et il n'y a pas véritablement d'estime de soi, sinon on n'aurait pas besoin « d'être quelqu'un » pour exister.
Forcément, à un moment ou à un autre, dans certaines situations, cela créera de la souffrance. Nous ne pouvons être que déçus si nous attendons le Bonheur « par » l'extérieur.

Parce que ce ne sera jamais assez.
Ce n'est jamais assez pour l'égo.
Il faudra toujours prouver ou se prouver.
Quand on a besoin de prouver, c'est qu'on n'est pas dans l'estime de soi. On croit plutôt qu'on doit être ou rester « quelqu'un ». Sa personnalité rêvée. Un personnage idéal.

*

Alors que fait-on ?
On reste dans ces croyances et on souffre plus ou moins toute sa vie ? Ou on laisse tomber les croyances qu'on a identifiées une bonne fois pour toutes ?
Il faudra avoir visualisé « l'alternative ».
Car sans alternative, il sera difficile de renoncer à l'égo, qui est le siège de toutes les croyances qui alimentent la réflexion de l'intellect et créent les pensées automatiques, qui elles, génèrent les émotions, puis la souffrance.
Cette alternative, vous le savez maintenant, c'est « ce qui est », c'est le lâcher-prise, c'est l'acceptation, le pardon. C'est être présent... dans le moment présent.
Il va falloir être persévérant, car c'est profondément ancré dans l'identité du personnage. Toute une vie de souvenirs qui résonnent avec cette souffrance en arrière-plan...
Tout oublier.

Ne plus croire en rien.
Ne plus s'identifier à quoi que ce soit et, surtout, plus à une victime.
Tout remettre à zéro.
Lâcher tout.
Ne pas avoir peur, car la peur empêche d'avancer. Cette peur, c'est celle de l'égo qui ne veut pas qu'on l'abandonne. Celle de la croyance qui veut survivre. C'est la peur de croire qu'on ne sera plus ce qu'on croit être, ou qu'on ne pourra pas être ce qu'on voudrait représenter. C'est celle d'aller vers l'inconnu.
Ayez la foi. Soyez prêt à affronter cette peur.
Si vous n'avez plus peur de la peur, la peur disparaît.

Lorsqu'on visualise, en pleine conscience, le petit jeu de l'égo, on n'en est plus victime.
On ne subit plus.
On ne se plaint plus.
On accède à la Paix, l'harmonie avec ce qui est.
On agit alors selon la nature des choses, la véritable nature de son être.
Sa véritable nature.
On est dans l'estime de soi, c'est-à-dire dans la reconnaissance de ce qui est.

L'IMAGE DE SOI

En mathématique, l'image d'un nombre par la fonction « f » est le résultat que donne ce nombre, passé par la *moulinette* de la fonction appelée « f de x » et qu'on écrit $f(x)$.

Si la fonction est $f(x) = 2x$, cela signifie que pour tout nombre « x » auquel on va appliquer la fonction $f(x) = 2x$, on va calculer « 2 fois x ». On va multiplier x par 2.
Si x est égal à **3**, on écrit et on calcule :
$f(\mathbf{3}) = 2 \text{ x } \mathbf{3} = 6$.
3 a été transformé en 6 par la fonction $f(x) = 2x$.
L'image de 3 par la fonction $f(x) = 2x$ est 6.

Il existe un nombre infini de fonctions, aussi infini que le nombre de nombres.
Par exemple : $f(x) = x = \frac{-x+\sqrt{x^2-4x}}{3x+\sin(x)}$
Et cela peut bien sûr être encore plus compliqué que cela !

Le plus souvent, les gens ne se voient pas « tels qu'ils sont », ils s'appliquent des fonctions à eux-mêmes. Les fonctions qu'ils s'appliquent à eux-mêmes définissent l'image qu'ils ont d'eux-mêmes. Ces fonctions sont déterminées

par leurs croyances.
La fonction : c'est toutes les croyances.
Plus il y a de croyances, plus la fonction qu'ils s'appliquent à eux-mêmes transforme l'être originel (ce qu'ils sont véritablement). Plus l'image qu'ils ont d'eux-mêmes est faussée.

La meilleure image qu'on puisse avoir de soi, c'est celle qui nous renvoie à nous-même, à notre véritable nature.

Et si on revient aux fonctions, c'est quand $f(x) = x$ que x, quel qu'il soit, n'est pas transformé par une fonction. Il reste lui-même.
Quand $f(x) = x$, 3 est l'image de 3 puisque x donne x.
3 « reste » 3.
Comme 0 est l'image de 0 et 100 000, l'image de 100 000.

$f(x) = x$, c'est : « Je n'ai pas de croyance qui modifie l'image de moi ».
Je me vois comme je suis.
Je vis comme je suis.
L'image que j'ai de moi réfléchit ma nature véritable. Sans filtre, sans retouche, sans flou artistique, sans ombre, sans surexposition... Sans complexe, sans tabou, sans honte, sans orgueil, « sans chichi ». Sans mensonge et sans dissimulation.

Voir ce qui est comme il l'est, c'est pouvoir vivre en harmonie avec soi-même. Car ce que l'on voit, ce que l'on est et ce que l'on vit sont alors une seule et même « chose ».

On peut faire un autre parallèle. Ne vous inquiétez pas, on ne va pas faire de géométrie !

Il s'agit simplement du principe du miroir.

D'abord : « le miroir déformant », qui peut faire croire qu'on est plus grand ou plus mince qu'on ne l'est en réalité. Ou au contraire plus petit, plus gros... plus difforme.

Il y a aussi le miroir de la reine « dans Blanche Neige ». C'est le miroir qui compare. C'est celui qui dit : « Tu es la plus belle » ou « Tu es le plus fort ». Mais qui peut dire aussi, et c'est le plus fréquent : « Il y a plus beau que toi » ou « Il y a meilleure que toi ».
On regarde son image dans ce miroir virtuel et ce miroir verbalise tous les jugements qu'on peut avoir à son propre sujet.
Ce miroir, c'est le juge
Et ce miroir ne s'arrête bien entendu pas aux considérations physiques. Il étend son espace de juridiction à tous les domaines de la vie.

Ces miroirs, qui comparent et qui jugent parlent au nom de l'égo.

L'oiseau nettoie ses plumes, non pas pour « se faire plus beau » qu'il n'est, mais pour voler plus vite et se prémunir d'infections. Être beau est utile et émane d'un besoin naturel en ce cas.
Mais si « être beau » est là pour satisfaire un besoin : celui du personnage « qui doit être beau », ou celui du personnage « qui doit être parfait », ou « qui est séduisant », alors on est dans l'égo. On est dans le besoin de satisfaire un besoin égotique. Et ce ne sera jamais assez, compte tenu du fonctionnement qu'à l'égo.

*

Sans « personnage », sans croyance au sujet du « monde » et de soi, l'image de soi est « soi ». On se ressemble. On est identique. On est un.

Quand on n'a plus d'avis « arrêté » sur quoi que ce soit, y compris soi, quand on est entièrement dans le présent, quand on reconnaît que tout est parfait en soi, l'image de soi est à l'image de la Nature : unique et parfaite.

LE BON SENS

Certaines « personnes » sont ancrées. Elles ont « les pieds sur terre » et un esprit libre. Elles semblent « plus heureuses » que la plupart des gens.
Elles ont « du bon sens ».

Elles ne se « cassent pas la tête ».
Et elles sont « dans le vrai ».
C'est naturel pour elles d'être dans la nature des choses.
Elles ne luttent pas contre le vent. Elles accompagnent et acceptent les cycles naturels de la vie.
Elles n'ont pas peur de ce qui ne devrait pas faire peur.
Elles sont plus présentes que prudentes. Mais cette présence leur permet de reconnaître ce qui représente un réel risque pour eux dans la vie.
Les « faux dangers », que l'environnement social et culturel impose à la société, n'ont pas vraiment de prise sur elles. Parce qu'elles sont ancrées à la nature.

La nature est leur repère.

« Avoir du bon sens » ...

C'est une nature, mais c'est aussi un choix.

En fait, on devrait dire « être dans le bon sens ». Car tout le monde peut choisir d'y vivre.
Il n'y a pas « un » bon sens à aller chercher « quelque part ». Il n'y a pas un talent particulier, une compétence spéciale à acquérir.
Et chacun a son propre bon sens : c'est la synthèse entre la nature et le caractère.

Ces personnes, qui vivent avec et dans le bon sens, n'ont pas de problème « d'estime de soi ».
Elles devraient être une source d'inspiration alors que souvent, elles sont un sujet de mépris... Elles vont même parfois être qualifiées de « primaires ». Ce sera une façon pour l'égo de maintenir la croyance qu'il faut penser, être cultivé et se poser des questions, avoir des croyances fortes, pour exister et avoir de la valeur.
Elles n'ont pas besoin d'avoir une pratique spirituelle approfondie pour connaître cette vérité au sujet de l'esprit et du corps.
Elles sont naturellement – ou par choix intuitif – équilibrées, connectées à leur nature et à la nature.
Certes, elles ne pourront pas parler avec aisance de spiritualité, comme d'autres qui étaient auparavant trop « dans le mental », avant d'effectuer un profond travail sur eux-

mêmes, afin de guérir de ce qui créait la souffrance en eux, et qui, ainsi, ont pu retrouver la connexion à eux-mêmes et donc, peuvent ensuite partager cette expérience.

Mais elles n'en sont pas moins « spirituelles ».
Et il y en a plus qu'on ne le suppose.
Simplement, elles ne parlent pas de « leurs problèmes », et elles ne recherchent pas la lumière.
Elles sont la lumière.
Elles incarnent la simplicité de l'Amour, la spontanéité de la Nature et la vraie Joie de vivre.

HISTOIRE ET FILM

L'humain adore les histoires.
Surtout celles qui donnent de l'espoir, celles qui dépaysent, celles qui parlent d'amour ou de mort. Celles qui font rire, celles qui font pleurer, celles qui font peur, celles qui révoltent, celles qui dévoilent un mystère, celles qui font rêver... Celles qui permettent de « s'échapper ». Celles qui créent des émotions et ravivent des souvenirs.

L'humain a une histoire : intime, individuelle, familiale, sociale, locale, régionale, nationale, continentale, mondiale, et même universelle ! Cette histoire, c'est une part de son identité à partir du moment où il s'est identifié à « tout cela ».

L'humain adore les héros, surtout s'ils font face courageusement à un redoutable ennemi.

L'humain croit aux histoires qu'on lui raconte... surtout si c'est un ami qui les lui raconte. Il racontera ensuite cette histoire aux autres. Cette histoire fera parfois le tour du monde des humains.

L'humain fait toute une histoire de petites

histoires et reste fasciné par son drame.
L'animal n'a pas d'histoire.
Les humains lui créent parfois des pedigrees, mais l'animal, lui, il s'en moque d'avoir un pedigree.
Il vit, il mange, il dort, il s'amuse, il apprend, il procrée, il élève ses petits.
Il ne passe pas son temps à écouter ou raconter des histoires. Il aurait plus de neurones, un cerveau gauche plus développé, il aimerait peut-être les histoires.

C'est bien ça le problème... Les neurones.
En tout cas, comment elles sont employées dans le monde « fantastique » et de « science-FICTION » des humains !

*

L'humain se raconte des histoires la plupart du temps.
Il est dans son film : avec le personnage principal : « le sien ».
Parfois, ce personnage est un « super-héros », parfois c'est un « looser ». Ce personnage est multiple, nous l'avons vu.
Et il y a tout un tas d'autres personnages qui gravitent autour de « lui ». Certains sont des amis, d'autres des ennemis. Certains personnages, on ne sait pas s'ils sont amis ou ennemis.
Quel suspens !

Le scénario du film tourne le plus souvent autour des questions suivantes : « Comment vais-je me sortir de cette situation ? » (Eh oui, le principe des histoires, c'est qu'on s'y identifie. Même quand on se dit « comment il va s'en sortir », en fait, c'est « comment je m'en sortirais, si c'était moi qui étais dans cette situation ? »).
Dans les films (et les séries) il faut que quelque chose se passe. Sinon on s'ennuie. Sinon, on arrête de regarder, on détourne son attention vers quelque chose d'autre qui la captera.
Et dans le film, bien sûr, il faut absolument que ça finisse bien... pour le personnage principal. Ou alors, il faut qu'il ait raison, tout en perdant. Certes, c'est parfois plus complexe. Mais fondamentalement, ça revient toujours à cela.
Et bien entendu, on va jouer avec l'instinct de survie, le besoin d'identification et les croyances qui s'y sont greffées pour créer des émotions.

Et « ça tourne » en continu. « Ça tourne », depuis que l'humain a une histoire. Et aujourd'hui, on la filme, on la photographie, on la diffuse en choisissant bien les plans, les angles et les acteurs, afin qu'elles collent bien au message qu'on veut faire passer, c'est-à-dire aux croyances collectives ou individuelles qu'on veut inculquer ou entretenir.
On se filme, on se photographie, on se diffuse grâce aux réseaux sociaux et aux nouvelles

technologies. On donne « la meilleure version de soi-même », et souvent, ce n'est pas la version originale...
Ce n'est pas un problème d'apprécier un bon film ou un bon roman.
Tant qu'on sait que c'est une histoire.
Et tant qu'on ne vous raconte pas des histoires... Parfois, en fait souvent, dans certains films et dans certaines séries, on va vous sortir un retournement de situation inattendu, une surprise sortie comme par magie du chapeau du scénariste. L'objectif est de vous procurer des émotions et de continuer à capter votre attention, parce que « s'il n'y a pas de drame, c'est ennuyeux ». Mais si vous êtes honnêtes avec vous-même, vous savez que ce serait impossible dans la vraie vie, et vous voyez comment les choses ont été amenées pour vous étonner et vous émouvoir. La plupart des gens, toutefois, préfèrent l'émotion à la vérité : « Ce n'est pas grave si ça ne tient pas debout, j'ai passé un bon moment (j'ai eu ma dose d'adrénaline), j'ai bien aimé ». Cela ne les dérange pas tant que ça qu'on les ait « bernés » et qu'ils aient cru en quelque chose d'impossible. Comme c'est le cas dans l'illusion de la vie dans laquelle ils évoluent. Bien sûr, « ce n'est pas grave », mais « cela » entretient la dépendance aux « fake-emotions ». Vous en connaissez la conséquence.
Ce qui crée des « problèmes » (c'est-à-dire, à

un moment ou à un autre, de la souffrance), c'est de vivre dans un film, dans son film. Et c'est de croire à toutes les histoires, celles des vrais films et celles de la « vie ». Croire que « c'est vrai », croire que « il n'y a que ça de vrai ».
Si l'on n'est pas connecté à soi, alors ces histoires viendront confirmer encore plus toutes ces histoires auxquelles on croit déjà. Je parle ici des croyances.

Certes, certaines histoires inspirent.
Elles inspirent à dépasser le piège des histoires.
C'est parfois avec une bonne histoire qu'on déconstruit des mythes. Une bonne parabole en dit « plus » qu'un long discours.
Il faut souvent passer par une « autre histoire » pour ne plus se « raconter d'histoire ».

Dans ces histoires, le personnage cède la place à l'Être. Le héros cède la place à la vérité.
Encore faut-il aller à la source du message et ne pas s'arrêter à l'histoire et aux personnages.
Cela ne peut se vivre qu'en présence.

EXERCICE DE PRÉSENCE : L'ENNUI

Vous avez une ou deux heures « devant vous ».

Pas de rendez-vous, pas d'enfant à récupérer quelque part, pas de course urgente à faire.
Vous n'avez pas spécialement envie de regarder le dernier Clint Eastwood, ou un reportage sur les animaux, ou bien même écouter de la musique.
Vous n'êtes pas spécialement fatigué et donc, une sieste n'est pas « la solution ».

Asseyez-vous.

Des pensées vont sans doute affluer.

Restez assis et observez toutes ces pensées qui viennent à vous. Elles disent toutes directement ou indirectement : « Tu ne peux pas rester là, assis à ne rien faire. »
Ah oui ? Et pourquoi donc ?

Il faut faire, il faut agir. Il faut être occupé.
Et si on n'est pas occupé, il faut se préoccuper de l'être.

En conséquence, on a peur de rester avec soi-même. Juste avec soi-même. « En Soi », plus précisément.

Ne faites rien.

Voyez toutes ces pensées qui vous poussent à vous lever et faire quelque chose. Ces pensées qui vous culpabilisent de ne rien faire.
Vous êtes plus fort que ce besoin qui vient à vous.

Si vous êtes dans une période de stress, d'attente de quelque chose...vivez ce stress, acceptez cette attente, et reprenez peu à peu le dessus vis-à-vis d'eux.

Restez.
Respirez.
Laissez le temps s'écouler.

« Le temps qui s'écoule », ce ne sont souvent que les émotions qui font « toc-toc ». Ne répondez pas, n'ouvrez pas la porte.
Préférez le « tic-tac ».
« Tic-tac »,
« Tic-tac ».

Restez.
Là.
Ne luttez pas.

Peu à peu, il n'y aura plus de « tic-tac ».
Vous allez vous alléger.
Vous allez accepter.
Vous allez reconnaître que vous êtes mieux, là, à ne rien faire, plutôt qu'à vous occuper ailleurs.

Vous allez vous retrouver.

Rien n'est urgent à ce moment-là.
L'urgence n'est qu'une idée.

Ça durera parfois 10 minutes. Parfois, une heure. Parfois, deux heures, et vous vous endormirez peut-être ensuite. (Parce qu'entre temps, vous serez passé de la chaise au lit !)

Vous vous relevez quand tout est calme.
Vous avez découvert votre véritable puissance : celle de la liberté de suivre ou non les injonctions de vos pensées.

Tout est maintenant plus léger.
Vous êtes de retour, bien présent.

L'ESPRIT

On parle souvent de « l'esprit » alors qu'il s'agit en fait du mental.
Lorsqu'on dit : « dans l'esprit des gens », on parle de convictions qui sont le plus souvent des croyances, donc du mental.
On dit aussi d'une personne qu'elle a « de l'esprit », alors qu'on devrait dire qu'elle a « une bonne mécanique intellectuelle », ou qu'elle est « cultivée ».

On a, ici aussi, perverti le sens du mot qui, au départ, nous parle de cette part en nous, désincarnée et totalement libre. En quelque sorte, et avec un autre mot : l'âme.
C'est ainsi que j'emploie ce mot, en lui ôtant tout ce qui relèverait de matérialité, de religiosité, de « spiritisme » ou de folklore.

*

Dans le Bouddhisme, le véritable esprit est celui qui ne s'accroche à rien.
Le corps s'accrochera lui ; ne vous inquiétez pas « pour lui ». Il doit vivre, il doit survivre, il doit protéger et nourrir les siens. Le corps est mû par l'élan vital et cet élan se manifestera naturellement.

Mais l'esprit doit être libre. Afin que le corps vive ce qu'il a réellement à vivre. Ainsi, on ne crée pas d'interférence, et de souffrance inutile. On ne force pas le corps à vivre ce qu'il n'a pas à vivre.

En fait :
Soit l'esprit est connecté au cerveau, au mental - et alors il suit le mental et donc son fonctionnement guidé par l'égo -,
Soit il est connecté à l'Amour, à l'Être, à la Nature, à « ce qui est » ... Appelez cela comme vous voulez.

À votre avis, quelle est la « bonne » connexion ?
Quelle est celle qui nous fait vivre en harmonie avec ce que nous sommes vraiment, avec le corps et avec « l'univers invisible » ?
Dans quel cas l'esprit est-il le plus apaisé ?

*

Chez la plupart des gens, les pensées ont pris le pouvoir sur l'esprit. Ils se sont identifiés à la pensée. Et ces pensées proviennent le plus souvent de l'égo dont l'arme infaillible est la peur. Cette peur « bloque » l'esprit. C'est ainsi que naît la souffrance.

Dans le règne animal, l'esprit est en harmonie avec la pensée et le corps, dans la nature « des choses ». Il n'y a pas d'interférence.

La pensée est au service de la vie, afin que le corps vive ce qu'il a à vivre.
Il n'y a pas vraiment « d'état d'esprit ».
Il n'y a pas vraiment « d'état d'âme ».
Chez les humains, un « état d'esprit », c'est un esprit prisonnier d'une opinion, d'une croyance.
Un « état d'âme », c'est un esprit prisonnier d'une émotion, d'une peur.

Un esprit libéré, c'est un esprit qui a repris le pouvoir sur les pensées.
Un esprit libéré, c'est une présence, c'est la présence, c'est la conscience qui s'exprime librement au travers du corps.
Un esprit libéré n'est pas envahi par des souvenirs ou des espoirs qui créent ainsi les émotions et des souffrances inutiles.
Un esprit libéré, c'est un esprit qui ne se cache plus derrière les pensées. Il est connecté à la source comme le corps l'est aussi.

LE CHOIX

Parfois, en lisant un livre, en regardant un film ou un reportage, on va avoir des prises de conscience. On va se dire : « Oui, c'est vrai, je comprends cela... au plus profond de moi... ».
Et souvent, juste après, on se dit : « C'est trop haut. » ou même « Je n'en suis pas digne. ». Ou alors on essaie de le vivre durant un jour ou deux et on abandonne, en se disant « qu'on n'y arrivera pas ».
On juge, on en revient au mental et à l'égo et malgré la petite étincelle que provoque la prise de conscience, on va finalement dire que « non, je reste comme je suis ». Comme « je crois être ».
Et pourquoi ? Parce que le plus souvent, on a eu la prise de conscience, mais on n'a pas décidé de la vivre au quotidien.
On ne fait pas véritablement le choix. Et on ne l'a pas fait, parce qu'on suit la croyance que c'est « trop compliqué », ou on n'a pas la volonté de chercher le « comment faire », et on se réfugie alors derrière un « je ne vois pas comment faire » ... Ou encore choisit-on de continuer « le combat ». Celui de défendre le personnage et ses besoins. « C'est trop important... », « je ne peux pas laisser tomber ça ». « Ce stress, cette fatigue, cette anxiété,

c'est le prix à payer... ».
Mais un jour certains disent stop : « Je ne peux plus me mentir à moi-même ainsi. Je dois changer le truc. » « Ça suffit, je ne veux plus être à cran. », « Je ne veux plus que mes relations soient toujours aussi compliquées. » « Je veux la paix ! La paix en moi. Je la trouverai et je suis prêt pour cela à renoncer à « mes certitudes » et à tous ces besoins qui me pèsent ». Et ils agissent.

*

Nous avons le choix.
Nous avons le choix de croire les voix du personnage, de nos croyances et besoins égotiques ou d'être en lien direct avec notre propre nature, avec la Nature.
Ce choix provient de l'esprit et il se fait par le corps. Il crée les nouvelles pensées conscientes qui feront qu'il n'y aura ensuite plus d'hésitation.

Un esprit libéré, c'est un esprit qui a pris les commandes, qui décide et qui dit au mental ce qu'il doit penser, comment réagir s'il le faut, qui laisse faire au corps ce qu'il a à faire en filtrant les demandes de l'égo qui font parfois du corps son jouet.
Un esprit qui se tait laisse faire le mental qui obéira alors à toutes les injonctions de l'égo au

travers de ses croyances.
Choisir c'est tout simplement fermer son téléviseur quand « c'est l'heure » (celle du corps) et ne pas attendre de savoir comment « ça finira » ou « ce qui se passera après ».
C'est le seul choix que nous ayons en fin de compte : suivre l'intuition de la Nature ou suivre les croyances. Être dans l'élan vital ou dans le personnage.
Ce choix, c'est celui de la fin de la souffrance. (Rappelez-vous que la souffrance naît de la résistance qu'on met à défendre un personnage auquel on s'est peu ou prou identifié). Il impliquera automatiquement de renoncer à ce qu'il reste de croyances encore ancrées. Il y aura donc parfois une forte résistance de l'égo qui, par la peur, tentera de nous faire rester dans l'illusion de ses croyances. Un même choix est donc parfois à refaire à plusieurs occasions avant qu'il ne devienne une évidence. Et peu à peu, l'autoroute qui menait l'égo au mental est délaissée et il ne reste qu'un petit chemin difficile à emprunter pour l'égo. La voie royale qu'il avait à sa disposition est donc coupée. Sa voix devient inaudible.
Il n'y a alors plus de questionnement existentiel, d'ambiguïté, de scrupule, de fuite...
Il n'y a plus de choix à faire. Le choix se fait.

L'ÉVEIL ET LA SAGESSE

L'éveil intervient dès lors qu'on choisit de préférer la liberté à la souffrance. Il se produit véritablement lorsque le passé et le futur ont cédé la place au moment présent.
S'éveiller, c'est ne plus être identifié à « la pensée » et au corps. Donc aux personnages qu'on incarnait jusqu'alors. C'est reconnaître ce qui est, et qui n'a pas de nom.

La sagesse, c'est l'incarner et le vivre.
En toute circonstance.
Et c'est bien là l'essentiel.

LA FIN DE LA SOUFFRANCE

Choisir la Paix, c'est choisir ce qui est. C'est choisir la liberté. C'est choisir la fin de la souffrance.
Ces choix sont en fait un seul et même choix.
Et, au moment du passage à l'acte (même lorsqu'il ne s'agit que de penser ou de réagir différemment), il implique un renoncement.

Selon l'égo, un renoncement implique automatiquement un prix à payer. Il accompagne donc l'idée du renoncement avec de la peur. La peur de « ne plus être ce que l'on croit être ».
Mais renoncer, c'est simplement aller au-delà de la peur et répondre à l'appel le plus profond et le plus vrai en soi. On laisse juste tomber tout ce qui nous pèse, tout ce qui crée la souffrance. Le seul qui croit que « ça lui coûte », c'est le personnage.
Il n'y a pas véritablement de « prix » à payer. Il n'y a pas de « nouvelle souffrance ». Il peut, certes, y avoir, sur le moment, un sentiment de « manque », passager. Certaines émotions dont on croit avoir un besoin existentiel vont sans doute venir toquer à la porte du mental. Ce sont de vieilles croyances qui ressurgissent çà et là. C'est normal. Laisser filer. Ce manque ne

devient souffrance que si on s'accroche à l'idée « qu'on en a besoin ». Et ce petit prix que l'on paie à renoncer à ces tentations de l'égo nous fait gagner ce qui n'a ni nom ni prix.

Que veulent les humains ?
Certains veulent « s'amuser ».
Certains veulent « s'enivrer de plaisirs ».
Certains recherchent « le grand amour », d'autres des « relations d'un soir ».
Certains veulent « une belle voiture ».
D'autres veulent « changer la société ».
La plupart veulent « être heureux ».
Le problème, c'est que le plus souvent « le bonheur » tel qu'on le conçoit, passe par une condition (ou même plusieurs conditions).
Et la condition, c'est que la liste des vœux soit exaucée !

Il y a des « modes d'emploi » du bonheur plein les librairies.
Mais ils ne fonctionnent pas, pour la plupart d'entre eux. Parce qu'ils procurent un « faux bonheur ». Ils proposent : « la meilleure version de vous-même », mais c'est, en fait, une « autre » version. Alors que la meilleure version de « vous-même », c'est l'originale.
Ils proposent des outils et des méthodes plus ou moins « magiques ».
Certes, parfois, une prise de conscience peut « en » jaillir, une certaine « confiance en soi » peut émerger.

Mais le plus souvent, leurs fondations s'avèreront fragiles, car « les méthodes » ont une finalité égotique.
Cela commence par : « Vous méritez tellement plus que ça » (la victime). Ça continue par : « Vous êtes unique, vous êtes extraordinaire (mais les autres ne le savent pas) ». Ça se poursuit par « Recentrez-vous sur vous et vos besoins » (quels besoins ?). Et ça finit par « Vous allez enfin être reconnu et apprécié à votre juste valeur (ou même plus encore) et obtenir ce que vous méritez. »
Ça commence et ça finit par l'égo.
Alors, forcément, un peu plus tard, on est déçu, on ressent à nouveau ce décalage, cette dissonance, et on repart pour un tour : on va tester une nouvelle technique, on va se rapprocher d'un autre « gourou ».
On consomme de l'illusion et on entretient la souffrance.

Pourtant, il existe quelques irréductibles humains qui voient au-delà de « ces faux bonheurs ». Ils ont souvent fait « le tour de la question », ils ont expérimenté, ils ont vécu, ils se sont « plantés », ils se sont relevés. Ils ont espéré à nouveau, et ce sont « replantés ».
Et ils ont dit un jour :
« Assez de ces hauts et de ces bas. Assez de ce « bonheur » et de ce malheur. Assez de ces rêves. Je veux la paix. Maintenant. »

OUI, NON, JE NE SAIS PAS

Le plus souvent, le silence prévaut. Et parfois, l'action s'impose. Le choix précède l'action, mais l'action est aussi le choix. Et le choix, c'est un « oui », un « non » ou un « je ne sais pas ».
En étant pleinement présent, on sait quand on doit dire « oui », « non », ou « je ne sais pas ».
Et en apprenant à dire « oui », « non » ou « je ne sais pas » à propos, on accède automatiquement à plus de présence et plus de conscience.
En disant « oui », « non », et « je ne sais pas » de façon alignée avec la Nature, sa nature, son caractère authentique, on ne crée plus de dissonance et on s'épargne bien des émotions et les souffrances inutiles.
En sachant dire « oui », « non » ou « je ne sais pas », de façon appropriée, on est sur le chemin de la sagesse. Et la dépendance à l'égo décline.N'oubliez pas que l'objectif de plus de présence, c'est la fin de la souffrance de l'Homme : la souffrance égotique. Et que la félicité et la capacité à vivre tout de la vie en sont leurs cadeaux.

Les personnalités « entières » et « claires » ont cette faculté naturelle de savoir dire « oui » ou « non ». Avec elles, on est rarement dans l'ambiguïté.

Pourtant, parfois, on n'a pas tous les éléments pour trancher. Ou alors la situation, ne se prête pas à un « oui » ou à un « non » franc et évident. Certaines personnes vont avoir tendance à vouloir dire « oui » ou « non », même en ces occasions. Parce qu'elles considèrent qu'en disant « Je ne sais pas », elles se retrouveraient dans un personnage opposé à « celui qui décide », « celui qui sait », « celui qui n'hésite pas », « celui qui est clair », « celui qui est parfait », « celui en qui on peut avoir confiance ».
Et ainsi, avec les « meilleures intentions », on peut alors dire « oui » alors qu'il fallait dire « je ne sais pas ». Et tout s'enchaîne. Pour « soi » ou pour un autre, ou pour la nature. De la souffrance à venir est ainsi créée.

Savoir dire « je ne sais pas », c'est faire preuve d'humilité. Mais il faut aussi du courage pour être humble.
Savoir dire « oui » ou « non », c'est faire preuve de courage. Mais cela doit aussi s'accompagner d'humilité.
Lorsqu'il y a du courage et de l'humilité, il y a de l'honnêteté. Et d'abord envers soi-même.
C'est cette honnêteté envers soi-même qu'il faut rechercher pour savoir quand dire « oui », quand dire « non », et le reste du temps « je ne sais pas ».
On croit souvent que lorsqu'on dit « oui » à quelque chose, alors on dit « non » à autre

chose. Et que si on dit « non » à quelque chose, on renonce à tout ce qui y est associé.
Ce n'est pas ainsi qu'il faut voir les choses.
Si on dit « non » à un ami au sujet de quelque chose qui lui tient à cœur, on ne renonce pas à son amitié. Peut-être réagira-t-il d'une façon qui vous le fera croire. Mais on a parlé vrai, on a agi vrai. On n'a pas renoncé à sa vérité. La vérité. On perdra peut-être un ami. Était-ce alors un véritable ami ? De plus, cet ami n'appartient à personne. On ne peut pas perdre ce qu'on ne possède pas.
C'est la peur de ne plus ou ne pas être le personnage auquel on s'est identifié qui fait qu'on va dire « oui », alors que notre cœur dit « non ».
Lorsque vous avez ce courage de dire « oui » là où vous auriez dit « non » auparavant, une montée de peur émotionnelle montera en vous. Vous savez très bien de quoi il s'agit, n'est-ce pas ? Laissez passer cette petite peur. C'est une ancienne « peur-réflexe » qui n'a rien à voir avec la situation.
Cette sensation est une « fake emotion ».

Ayez confiance en la vie. C'est en disant « oui », « non » ou « je ne sais pas », « sans peur et sans reproche », que la véritable confiance « en vous » progressera.

RIEN N'EST GRAVE

« Rien n'est vraiment grave. »
Nombreux sont ceux qui trouveront cela « grave » de dire « une chose pareille ».
Ce n'est pas grave.

*

Dans la vie quotidienne comme dans certains événements particuliers de la vie, il y a des choses importantes à gérer.
Trouver de la nourriture, ou travailler pour pouvoir ensuite s'en procurer.
Disposer d'une « tanière », c'est-à-dire d'un logement, pour que le corps puisse se reposer convenablement et que le besoin primaire de sécurité soit satisfait.
Protéger et accompagner ceux qui dépendent de nous (les enfants par exemple).
C'est important pour la survie individuelle du corps et la préservation de l'espèce humaine, sinon... on ne survit pas. Et c'est important de savoir apprécier chaque instant de la vie, sinon on ne la vit pas vraiment. On dépérit.
Mais souvent, on se met dans un état de stress, « dans tous ses états », simplement parce que les choses ne vont pas comme et aussi vite qu'on le souhaite.
On va se dire : « c'est grave ».
Quand on dit ou on pense : « C'est grave », on

résiste à ce qui est. On juge la situation, l'autre, ou les autres par rapport à un référentiel subjectif de ce qui devrait être « normal ». Ce référentiel, c'est une croyance qui positionne ce qui est « bien » et ce qui est « mal » à ce sujet. On crée une tension supplémentaire en soi et avec la situation ou l'autre.

« C'est grave ce qui s'est passé. »
« C'est grave ce qu'il a dit. »
« C'est grave ce qu'ils font. »
La situation demande à réagir ? Réglons le problème si on peut et si c'est nécessaire. Pourquoi en « rajouter » ?

*

« C'est grave. »
Il se dégage de cette expression, de la gravité (bien sûr), de la pesanteur, de la lourdeur. Dire : « C'est grave », c'est un peu une menace qu'on profère.
« C'est grave... Et ça ne devrait pas se passer comme ça ! » On est prêt à en découdre. On n'est déjà pas loin d'une déclaration de guerre. Le plus souvent, ce qui surviendra sera ensuite une guerre de mots, une lutte intérieure, ou une guerre froide sous la forme du ressentiment. Jusqu'à la haine. La haine de l'autre, la haine de soi, la haine « du monde ».

Lorsqu'un singe d'un groupe observe un autre

subtiliser des bananes à un troisième membre du groupe. Il ne dit pas : « c'est grave ». Il ne le pense même pas. Il sait simplement qu'il devra se méfier du singe chapardeur. Il sait aussi déjà qu'il faut toujours faire attention à la nourriture qu'on a obtenue à la sueur de son front.
Si un jour, le chapardeur tente de lui subtiliser ses bananes, il sera prêt et défendra son bien.
Alors, oui, il y aura peut-être une petite bataille, c'est normal. C'est naturel. Et si le chapardeur est reconnu comme un chapardeur récidiviste par le groupe, il en sera sans doute exclu un jour ou l'autre.
C'est aussi simple que cela.
Et cela se limite aux besoins essentiels.

Les humains vont dire ou penser : « c'est grave » pour tout et rien, dès lors qu'une croyance, quelle qu'elle soit est défiée. Et des croyances, le monde des humains en a sur tout et n'importe quoi.

Se dire « Rien n'est grave », c'est sortir de cette « guerre des croyances ». C'est sortir du jugement. Sortir de la morale. Ne plus rester dans la séparation et les conclusions. Ne plus faire un drame d'une information.
C'est sortir du juge (« C'est grave »), de la victime (« C'est grave ce qu'on m'a fait ») et du coupable (« C'est grave ce que j'ai fait »).
C'est rester lucide et alerte.

Lorsqu'on est dans le moment présent, ce qui s'est passé est une information qui peut engendrer une réaction selon sa nature et selon l'urgence. Ni plus ni moins.

Si vous êtes sur le chemin de la conscience, évitez les espaces, les relations, les sources d'information dans lesquelles l'inconscience s'exprime, là où tout est soit dramatique, soit merveilleux. Cela vous fera aller plus vite.
Et dès que l'émotion de l'inacceptable, du scandaleux, de l'inadmissible survient, dites-vous : « Rien n'est grave ».

Si une douleur dans le corps est intense, acceptez la douleur, et ne dites pas « c'est grave de souffrir ainsi », ou « c'est grave de faire souffrir ainsi ». Ainsi, certes la douleur est là, mais la conscience sait. Dans cet état de présence, on n'ajoute pas de la souffrance (égotique) à la douleur (du corps).

Si « la situation est critique » (par exemple, vous ou une personne avec laquelle vous avez une connexion spéciale se retrouve dans une impasse), vous pouvez constater que « la situation est grave ». Mais dire « c'est grave », c'est accuser ou se plaindre et donc, ne pas la vivre en conscience.
Vous savez que la situation est critique, mais vous ne paniquez pas. Le corps est mobilisé et

l'esprit lui est connecté en ligne directe.
C'est « dramatique », mais « vous n'en faites pas un drame ».
Percevez-vous la différence ?
C'est ainsi que la situation se règlera « au mieux ». Dans cet état de présence vous agissez « au mieux » et cette confiance qui émane de vous permet à l'élan vital de se diffuser là où il est censé s'exprimer. En quelque sorte, vous émettez ainsi des « ondes positives ».

Et si un réel danger – immédiat - survient pour votre corps ou celui de ceux que vous protégez (des enfants ou des personnes vulnérables, par exemple), vous n'avez de toute façon pas le temps de penser « c'est grave », vous savez réagir immédiatement face à ce danger. Votre corps le sait.

RÉVOLUTION

« Je suis le maître de mon destin, je suis le capitaine de mon âme. » Cet extrait du poème Invictus fut l'une des sources d'inspiration de Nelson Mandela durant son incarcération de 27 longues années.
C'est parce qu'il a choisi de devenir le capitaine de son âme qu'il fut maître de son destin, quelles qu'aient été les circonstances.
Bien sûr Nelson Mandela avait un caractère particulier et il vivait une époque et une situation très particulières. Mais chacun peut faire ce choix de ne plus subir ses « états d'âme » et de vivre enfin son destin.
Cela passe forcément par une forme de révolte. Simplement cette révolte n'est pas source de colère ou de haine. C'est la révolte « intérieure » telle que la décrit Jiddu Krishnamurti lorsqu'il dit que « ceux qui sont constamment en révolte découvrent la vérité – contrairement au conformiste qui obéit à une tradition. »
Cette révolte sans colère passe par une révolution : d'abord on retourne « en soi » pour y trouver la vérité. Ensuite, éclairé de cette vérité, on se retourne vers la nature pour vivre son destin.
Aux quatre coins de la planète, dans le monde

des humains, la liberté individuelle est régulièrement menacée par le besoin de contrôle ou la voracité des humains.
Mais il restera toujours la liberté d'être conscient. La liberté de savoir ce qui est vraiment, au-delà de toutes les croyances.
D'y vivre et d'y être
Ce savoir rend libre et délivre de la souffrance.

Juste savoir. Et ne pas renoncer à la Vie.
Vivre dans un état de « révolte pacifique ».
Ainsi, on peut être et agir sans peur. Car le « qu'en dira-t-on » n'a plus d'effet sur soi. Y compris le « qu'en dira-t-on » du personnage en nous (de l'égo) qui veut –par la peur- nous maintenir dans les regrets, la culpabilité, l'identification à un groupe et à ses règles morales, nous amener à la colère et nous conduire à rechercher des coupables.

Il n'y a pas de coupables, il y a juste des inconscients.
Si vous cherchez des coupables alors vous êtes des victimes.
Vous ne pouvez pas être une victime quand vous êtes libre.

LIBÉRATION

Se libérer de la souffrance et des mélodrames.
Conquérir cette Liberté dans laquelle s'exprime l'élan vital.
Libérer l'Amour et la Joie « en soi ».
Libérer l'esprit et son temple : le corps.
Accéder à la Paix.
Il s'agit bien de cela.

La vraie Liberté se vit dans le présent et en présence.
Car si elle ne s'y exprime pas, c'est une « liberté conditionnelle ».
Car incarner les personnages auxquels on s'est identifié le plus souvent inconsciemment, et en particulier ceux du juge, de la victime et du coupable, c'est rester prisonnier du cycle sans fin de l'espoir et du désespoir, des attentes et de la déception, du « bonheur » et du malheur.
Car vivre dans le passé ou le futur fait quitter « ce qui est », « ce qui n'a pas de nom ».
Car suivre ses pensées rend absent à soi-même, fait dire « oui » quand on devrait dire « non » » et vice-versa.

SOMMAIRE

Dépôt légal : Juin 2021

Printed by Amazon Italia Logistica S.r.l.
Torrazza Piemonte (TO), Italy

33953786R00171